创意法则图卡

创意工具实用包

张燕玲　郭盖　范一叶 / 著

清华大学出版社
北京

内 容 简 介

如何轻而易举就想到好点子?如何让创意有效发挥实质作用,真正解决问题?如何通过创意提升美感、提升社交能力?如何让想创意点子的过程变得更加有序化、专业化?什么创意才是好的创意?每个创意都可能会遇到什么"坑"?

作为一本易学易用的创意实操工具书,本书围绕创意策划的通用性、文案、视觉以及锻炼创意的工具四大板块,提供了30余种实操法则,并匹配了大量生动有趣的案例、工具清单、避坑指南,可谓图文并茂,能让你熟练掌握创意生成的"套路"。

本书适用于所有与创意相关的工作者,包括新媒体运营、产品运营、活动策划、企业文化行政人员、影视策划/制作、编剧、脱口秀演员、文案策划等。

图书在版编目(CIP)数据

创意法则图卡:创意工具实用包/张燕玲,郭盖,范一叶著. —北京:清华大学出版社,2023.4

ISBN 978-7-302-63370-9

Ⅰ. ①创…　Ⅱ. ①张…　②郭…　③范…　Ⅲ. ①创造性思维　Ⅳ. ① B804.4

中国国家版本馆 CIP 数据核字(2023)第 068456 号

责任编辑: 杜春杰
封面设计: 刘　超
版式设计: 长沙鑫途文化传媒
责任校对: 马军令
责任印制: 曹婉颖

出版发行: 清华大学出版社
　　　　　　网　　　址:http://www.tup.com.cn,http://www.wqbook.com
　　　　　　地　　　址:北京清华大学学研大厦 A 座　　邮　　编:100084
　　　　　　社 总 机:010-83470000　　　　　　　　邮　　购:010-62786544
　　　　　　投稿与读者服务:010-62776969,c-service@tup.tsinghua.edu.cn
　　　　　　质量反馈:010-62772015,zhiliang@tup.tsinghua.edu.cn
印 装 者: 小森印刷霸州有限公司
经　　销: 全国新华书店
开　　本: 148mm×210mm　　印　张:6.875　　字　数:141 千字
版　　次: 2023 年 5 月第 1 版　　　　印　次:2023 年 5 月第 1 次印刷
定　　价: 68.00 元

产品编号:096333-01

转场的邀请

谢谢你

放下重复的日常

穿越真实中拉杂的缝隙

到创意的内部与我相见

在这里

释放更广阔的允许

拆卸语言零件的碎片

洒进万花筒的底部

在转动的结构里

将时间揉碎

把过去和未来带回现在

将规则溶解

感受合理与荒谬的混合折射

朋友
邀你一起
褪去精巧粉饰的壳
在忙碌繁冗中留白
在稀松平常中觉醒

让我们
打开心的通道
转场去下一个空间
跟着波纹流淌
来场重构的游戏

在最普通的生活细节里
开发理解世界的另一种方式
创造意义的狂喜

感恩遇见，很高兴认识你。

这是一本创意工具书，又不仅仅是一本创意工具书。

2023 年，ChatGPT 的出现快速冲击着各个行业。麦肯锡全球研究院《人工智能前沿记录：人工智能对全球经济影响的模拟计算》中预估，到 2030 年，人工智能将取代 4 亿～ 8 亿个工作岗位。人工智能的急速发展迫使我们不得不思考：未来已来，人到底需要具备什么能力才能不被取代？答案是具备创新思维和解决问题的能力。因为随着技术的不断进步，人们需要不断地适应和应对新的挑战。如果一个人没有创新思维和解决问题的能力，即便有先进技术和工具的加持，也难以应对真实社会中的各种挑战。

所以，寻求新解已经不是锦上添花的事情，而是我们每个人不得不具备的生存能力。

看待一件事，你有没有新的解读视角？

接到一项任务，你有没有新的做法？

出现一场意外，你有没有新的应急方式？

面对一段关系，你有没有新的相处之道？

每天的 24 小时，你有没有新的活法？

……

如果说每天忙忙碌碌的你我是一只只在惯性驱动下旋转的陀螺，那么这些越来越频繁的外在变动，就是改变陀螺旋转方向的重要外力，它把我们从惯性中摇醒，并强行启动了我们寻求新解的生命力。这些变化，无一不在告诉我们：打破思维定式，在今天是如此重要的一件事，而创意是最能打破思维定式的能力。

什么是创意？

创意，就是创造新的意义结构的过程。

什么是创意能力？

创意能力，即对已有的意义主体结构进行拆解，并对拆解出的意义元素进行重新排列组合，形成新的意义主体的能力。

如何拥有这种创意能力？

找到对的方法 + 不断刻意练习。

我本科毕业于四川大学广告学专业，研究生读的是传播学专业的符号学方向。读书时很懵懂，不知道符号学这个专业对我今后的工作和生活有什么用处，只记得那时候闷头阅读了大量的符号学相关书籍，囫囵吞枣，半懂不懂。这么多年过去了，我越来越深刻地体会到，当时学习的符号学，尤其是其中的结构主义和解构主义，为我日后工作中思维方式的形成奠定了重要基础。工作中我会接触非常多的新任务和新挑战，每当这种时候，我都会像个寻宝的孩子，带着一颗轻盈跃动的好奇心，满心欢喜地去思考这个事情的底层结构是什么，很快就能从自己曾经经历的熟悉领域中找到同构的思路，因此解决难题就成了一件快乐的事，并且，我也习惯性地会从自己做过的每件事中总结规律，萃取结构，这常常让我事半功倍。

本书会去拆解每个创意方法背后的结构，力求让你借助这种结构框架，轻松拥有一种有弹性的思维能力。

看到这里，你是否对"创意"有了新的认知?

（1）寻求新解的能力很重要，可以从锻炼思维弹性做起。

（2）在工作中我们可以从提升创意能力入手，以获得这种思维弹性。

（3）创意，就是创造意义的过程，就是解构、重构意义结构的过程。

（4）我们为你提供了一种轻松快速提升创意能力的方法——拆解创意作品的底层结构。

（5）在创意的实际应用中，你可以多多运用"解构—重构"这种方式创作自己的作品。

这本书的完成，离不开两位非常优秀的小伙伴的支持，也就是本书的另两位作者——郭盖、范一叶。郭盖古灵精怪，聪慧可人，不仅创意满满，而且喜爱画画，还记得我刚遇见她时就被她的作品深深打动了。本书所有配图都由郭盖创作，相信在接下来的阅读旅程中，你会感受到她笔下那扑面而来的鲜活与灵动。范一叶是我在暨南大学传播学研究生院教授创新工作坊课程时遇到的学生，她毕业后我们成为合作伙伴。她不仅有着很强的领悟能力，而且是个"脑洞"无限的文案段子手。因为我们的工作内容都与创意相关，所以我们经常一起探讨各种创意个案，拆解、分析优秀创意背后的手法与逻辑。在这个不断"分析—解构—萃取—再创作"的过程中，我们发现创意虽谈不上简单，但绝对是有章法可循的。而这些方法也的确实用，能使创意工作变得轻松而高效。

得益于这种不断解构与建构的创意练习，我们大大提升了创新解决问题的能力。面对工作和生活中出现的棘手问题，我们常常可以跳出二元对立思维，找到"第三种解决方案"。这让我们意识到，创意其实是一种思维方式！所以，我们决定一起创作此书，把创意深处的"秘籍"分享给更多的职场人。无论你的工作是否与创意工作直接相关，相信这本书都会带给你一些收获，正如我在开篇所说，大家生活在这样一个人工智能新时代，拥有多元解决问题的创意思维对每个人都很重要。

此外，本书得以顺利出炉，还要感谢刘睿为本书做了很多输出以及全书审校。清华大学出版社编辑张凤丽在本书的创作过程中多次与我们"头脑风暴"，并给予我们团队极大鼓励，我和张凤丽老师因写书结缘并成为朋友，感恩这份惺惺相惜的缘分。

最后,我想表达对我的硕士研究生导师李思屈(本名李杰)教授的感谢,李老师是长期从事传播符号学研究的博士生导师,教学风格严谨风趣,是李老师把我带入了符号学的殿堂,让我在思维能力的成长上受益良多。

本书主要内容涉及通用创意法则、文案创意法则、视觉创意法则、锻炼创意力的工具。

第二章是十大通用创意法则,本章所涉及的都是日常生活以及工作中最常用且不区分文案/视觉领域的通用性的创意法则。可以说如果你熟练掌握这十大创意法则,你也能称得上一个创意小达人,足以在众人面前脱颖而出了。由于这一章最常用,因此看完本章后,你可以给自己布置一个小觉察作业:留意你身边(如商场里、地铁广告、各种活动,甚至是你身边有创意的同事的一些动作、言语),看这一切运用了通用创意法则中的哪一个,又是如何运用的,然后,你可以回翻本书,把案例记录进去,久而久之,你的这本创意书便是独属于你自己的最丰满的创意"葵花宝典"。

第三章是文案创意法则,涵盖文案领域相关的创意方法。如果你是从事"文案、编辑、策划、产品经理"等相关职业的人士,那么本章非常适合你精读,它们会让你的工作成效倍增。倘若你并非从事以上领域,也没关系,它们对你的价值同样非常大。在这个互联网技术发展迅猛的时代,文案人才层出不穷,在社群里、小红书/抖音/朋友圈等个人账号里，甚至日常社交中，处处离不开文案。当你玩转了本章后，你就能摆脱日常"小透明"，秒变 UP 主（上传者）"万人迷"。

第四章是视觉创意法则，主要围绕视觉领域展开。"设计师、插画师"等领域的工作者可首选精读此篇章，但其实在职场中，无论是产品经理、运营策划或者行政人力等岗位的人员，都必定有与设计部门对接的需要，例如产品的界面美化、活动运营的海报、年会策划的主视觉等，诸如此类。你学习过本章，便能从可怜弱小的求助"设计大神"的角色，转变为"设计高参"——与设计师同一战线，一起筹划更具创意的视觉作品，你的参与感和成就感也会有极大提升。在职场中，综合性人才永远是稀缺资源。跨界能力越强，你的职场价值也会越高。

第五章是锻炼创意力的五个方法。我们坚信"授人以鱼不如授人以渔"，前面讲的都是方法技巧，而本章将帮助你或你的团队进行创意练习。只有不断练习，才能形成肌肉记忆，你的创意灵活度才会有明显的飞跃。建议你把本章的法则写在便利贴上，当作你每天的小作业，在工作、生活中都尝试运用一下，看看会有什么变化。创意能力不难提升，这种训练就像学开车——只要经过多次练习，就能形成肌肉记忆，就可自由调度、使用。相信你也可以变成一个创意力十足的人。

以上四章内容相对独立，你可以按照自己的个人习惯和需要去翻阅和检索。

在书中我们设定了一个人物形象——飞飞。飞飞是一个刚入职场的新人，也是一个创意无限的小女生，她喜欢研究和学习创意。在阅读本书的过程中，你将跟随飞飞的脚步去找寻一个个创意宝藏，因为对每个法则，我们都会从飞飞所在的真实场景案例切入，鲜活可感，使你更容易进入沉浸式学习，紧接着会有对法则的具体拆解，使你更易于理解和掌握。

主角IP飞飞

名字寓意：

1. 没心没肺，乱飞乱撞，没边没界

2. 灵动，创意思绪活跃

年龄：21岁（千禧少年初长成）

性别：女

专业：广告传播专业

擅长：目前是职场小白，喜欢文案、创意、绘画

此外，每个创意法则后都会附有贴合法则的真实案例练习题供你实践，因为我们相信，只有实践过，才能真正掌握。并且，为了便于后续的检索翻阅，本书还专门设计了"创意工具卡"，内含创意方法步骤、适用场景和避坑指南，你可以把工具卡单独撕下，组成一套创意卡检索百科。

我们创作本书的初心是：使它成为一本人人拿来即可用的

"创意方法论"工具书，轻量、好玩、便携，你可以在想创意的时候查阅套用。你的喜欢便是我们最大的心愿。

当然，本书仅仅是我们在创意思维训练领域的一个推动性实验，还有很多不足，非常期待你与我们共同完善它。创意法则无穷无尽，如果你发现了新法则，或者解锁了书中所提及法则的新用法，欢迎你通过邮件告诉我们（ chuangyisiwei2022@163. com ），我们也将持续对外征集创意法，不断完善和拓展创意理论，让本书变成一本创意百科宝典。

我们期待经由这个机缘结识优秀的你。

张燕玲

2023 年 3 月于广州

目录
c o n t e n t s

第五章
锻炼创意力的五个工具 *139*

第 一 章

开启你的

创意人生

创意能力的重要性

创意给人生命与乐趣。

——李奥贝纳

你有没有留意到，我们生活在一个"骗局"里，这个"骗局"的主题叫作"重复"，背后的操盘手是时间。日复一日，我们吃喝拉撒，工作睡觉，日出而作，日落而息，不断地重复，这个重复的游戏将一直持续到生命的结束。很多人会被这个"骗局"所欺骗，认为人生的真相就是这样，在重复中变成了会喘气的机器人，失去了生命本有的勃勃生机和创造力。这样的人生是痛苦的，而且实在太可惜了！

　　其实人生是一个不断与重复抗争的过程，我们完全有办法对抗这种重复带来的吞噬感。办法是什么？办法就是超越事件本身去创造意义。人是活在意义世界里的动物，这才是生命的真相。

　　著名社会学家马克斯·韦伯说过一句话："人是悬挂在自己编织的意义之网上的动物。"这句话是什么意思呢？我举几个例子你就知道了，比如，在马路上，你看到红灯就知道要停步，看到绿灯就知道可以通行，这里的"停步""通行"就是被你我借用"红灯""绿灯"共同编织出的意义；有人在情人节那天给你送了一束玫瑰花，你一定知道对方是在向你示爱，这是你借用"情人节的玫瑰花"编织出的意义；你打电话约朋友喝茶，朋友婉拒了你，此时如果你编织出"朋友可能确实有事，可以改天再约"的意义，你会继续和她的友谊，但如果你编织出"她在远离我"的意义，那么你以后就不想再搭理她了；再比如，你在工作中遇到非常具有挑战性的项目，如果你编织出"这个项目太难了，我肯定不行"的意义，你就会想办法找领导推掉这个项目，可是如果你编织出"这个项目虽然有难度，但这是锻炼我能力的好机会，我愿意试一试"的意义，那么你就会激活自己的兴奋点，迎难而上。当代哲学家周国平说："人是唯一能追问自身存在意义的动物。这是人的伟大之处，也是人的悲壮之处。"庆幸为人，因为有意义，所以我们的生活有机会变得广阔丰盈。

不过值得注意的是，虽然我们生而为人，能编织意义，但编织的所有意义不都是对自己的生命体验有利的，很多时候我们会丧失自己主动创造意义的意识，活在其他人乃至社会规则所编织的意义中，随波逐流，与世浮沉，所以过得并不快乐。

人生的境界分三种：

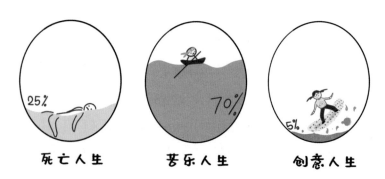

第一种境界是"**死亡人生**"。这种人在人群中大概占25%，他们是生活在"骗局"中的一群人，关闭了跟外界交流的心门，五感麻木，讨生活，混日子，过着每天重复的日常生活，缺乏 生机。他们的人生格言是："人啊，反正都是要死的，活一天算一天，没啥意思。"

第二种境界是"苦乐人生"。我们身边的大多数人属于此类，在人群中大概占 70%，他们日日奔忙，努力生活；注重编织外在世界的意义，在意他人怎么看自己，其认知和行动容易受外界影响；有很多期待与向往，但受限于种种条件，往往思而不得；安全感较低，总是担心失去和改变，做出的努力也往往来自对未来的恐惧而不是内心的热爱；热热闹闹中充满悲喜与无奈，正如歌词里所唱的"仔细看着岁月的眼睛，它记录了你丰富的表情"。

第三种境界是"创意人生"。这种人在人群中大概占 5%，他们对自己了解更多，强调内在成长，注重意识的发展和对自我生命意义的探寻；拥有提升自己多元视角和思维弹性的自觉性，对外部资源有极强的发掘能力和重构能力，把应对挑战视作突破自我生命边界的创造过程，常常散发着一种由内而外的生命力与影响力。他们成事有心法，通过有意识地编织与管理自己的意义之网激发内在创造性，不仅能取得外在世界的成功，而且内在拥有极高的幸福感，我们可以在很多成功人士身上看到这种特质，在他们眼里，生活没有"重复"二字，一切都是创造新体验的过程。他们通过创造力对抗重复乏味的人生，正如被称为"创新思维之父"的爱德华·波诺所说，"没有创造力，就没有进步，我们就会永远重复同样的模式"。

你现在过的是第几种人生？你希望自己过上第几种人生？我相信第三种境界的人生，对于我们每个人都是很有吸引力的。我们如何才能过上这样的创意人生？答案就是"刻意练习"，做个生活中的有心人，对发生在身边的每一件事，都尝试多换几个视角去看待。拿我自己来说吧，本科时我读的是广告学，当时知道自己资质平平，不属于有创意天赋的那种，所以就笨鸟勤飞，为了提升自己的创意能力，不断拆解国内外获奖的广告大片，提炼广告中的表达结构，哪怕走在路上也留意关注各种眼花缭乱的广告，感受自己第一眼是被什么抓住的，思考这个广告想传递什么，作者借用了什么手法，如果换作是我，我还可以用其他什么方式来表达这个主题，我要求自己至少想出3种不同的方式来。经过一段时间的刻意训练，我明显发现自己的创意能力和文案能力都得到了很大提升，这个习惯我一直保持到现在。当遇到一些问题时，我常常很容易切换不同的视角去看待，会发现自己凡事都能很轻松地看到积极的一面，遇到问题也能比较快速地整合各种资源，找到好几种不同的解决办法。

功夫不负有心人，只要我们意识到创意能力的重要性，并假以时日刻苦练习，很快会发现：自己看待问题的角度不再非黑即白、非对即错，而会更加多元。如果看问题的视角能超越二元对立，那可是非常了不起的事情，因为人一旦拥有了多元视角，就拥有了更多可能性和选择权，也就有机会创造更多的喜悦和奇迹，活出生命的精彩。所以，朋友，让我们一起创造和享受自己的"创意人生"吧！而这本书，正是载你走向创意人生的一叶扁舟，相信你在启程后会看到不一样的风景。

对创意的常见误解

　　一提及创意，大家便会有很多设定与固有印象，可能会觉得：创意与天赋相关，很难靠后天学习得来；创意需要感觉，创作前需要沐浴焚香静坐等灵感空降；创意不能被拘束，需要天马行空，任意畅想才会更灵动；自己不是创意工作者，所以其实跟创意关系不大，学了好像也用不上……

　　诸如此类的想法你是否有过？如果有，请马上阅读下文，破除你的固有想法；如果没有，那么恭喜你，你是一个很开放、有创意思维能力的人，可以直接阅读书中正文，与飞飞一起在创意的世界里遨游。

1. 唯天赋论——创意不可后天习得

　　创意是否需要天赋？需要。那么没有天赋，就不能成为一个有创意的人吗？肯定不是。这就好比将成功与否和智商高低画等号，只能说有相关性，但决定一个人是否成功的因素还有很多，如知识储备、情商、机遇、人脉关系等。创意也是如此。创意与天赋有一定的相关性，但天赋并不是决定性因素，除了天赋，还有其他一些要素，如方法论、思维方式等，因此我们可以找到切入口，锁定能影响的部分，进行创意思维、创意方法的训练。

　　早在 20 世纪 50 年代，以吉尔福特为代表的心理学家通过研究发现，人人都具有创造力，而且很多实践证明，创意能力可以通过各种思维方式、方法技巧相互激荡而后天习得，人人都能够依靠后天学习提高创意能力。

　　例如，大众所熟知的作词人方文山，他创作了数百首歌词，获奖无数，"天青色等烟雨，而我在等你""你发如雪，凄美了离别""窗台蝴蝶,像诗里纷飞的美丽章节⋯⋯"诸如此类的神句,比比皆是。

大家可能觉得方文山是天赋异禀,属于老天爷赏饭吃。然而在一次采访中,方文山透露过他的写词小秘籍:在副歌部分加上人称代词"你我他",方文山将这些称为"记忆点";常用语法重构,例如"凄美"是形容词,会故意用作动词营造意境,变成"你发如雪,凄美了离别";经常运用比喻、比拟等修辞手法;方文山还有其常用的词汇库⋯⋯有网友总结了方文山的歌词公式:(主语+常用词汇)×(修辞+语法重构)。

因此,如果你天生是个创意灵感很强的人,想到好点子是家常便饭,那么恭喜你拥有这样的天赋。但是如果你和我一样是普通人,那么我们通过认真总结或拆解创意结构,同样可以拥有不错的创意能力。

2. 创意是坐等灵感空降

方文山创作才华的背后，是日积月累的不断创作，他有自己的词库，通过不断练习实践提炼了自己的一套方法论。著名剧作家、导演赖声川也曾说过："创意不是灵光乍现的瞬间，而是持续生产作品的能力。"企业家邹其芳曾说："好的创意不是灵光乍现，全靠日积月累的思考。"

可能在你洗澡的时候，在你心情愉悦的下班路上，你会突然接收到灵感，便误以为灵感是毫无根据地从天而降的。但其实在你收到灵感之前，你的大脑就已经在整合各种信息了，只有时机成熟时，这个通道才能被打开，创意涌现出来，你就收到了"从天而降"的灵感。所以从来没有什么灵感空降，其背后都有缘由，只是我们从表面上看不出关联，但这些信息在你的脑子里已经百转千回碰撞了多次。在本书末尾章节也会提及，如果你期待灵感的到来，可以先全面地、高密度地吸收资料，接着要做的便是放轻松，等待"灵感"降临，但并不能空等，前面的勤奋步骤绝对不能缺失。

本书中的卡通人物飞飞看起来创意感十足，或许你身边也有这类人，让你羡慕万分。但如果旁观这类人在生活、工作中的特点，你会发现他们都有一个共同点，就是：用一颗热情好奇的心感受周围的一切、喜爱探索研究，遇到有意思、新奇的东西喜欢抽丝剥茧了解清楚其中的结构，并且会举一反三，在自己的日常工作中加以练习，在这些习惯的加持下，大脑得以不断训练，日积月累自然就拥有了很强的创意能力。这就像学开车，经过多次练习，人便形成了肌肉记忆，可以自如地应对各种复杂的路况。他们能做到，你也一定能做到，期待你也成为一个多灵感的人。

3. 创意就是天马行空地胡思乱想

可能很多人有这样的误解：创意就是天马行空，一旦有了约束，创意就必定被扼杀在摇篮里了。我认识一位画家，他的专业能力很强，很擅长自由创作，但每当接到商业单子后，便觉得有了一些限制，很影响他发挥。

毋庸置疑，创意工作肯定需要发散思维，但创意绝对不等于天马行空地胡思乱想，就算你是个自由的艺术家，创意也需有要表达的主题。著名的广告大师大卫·奥格威说，广告是"带着镣铐跳舞"，越是在限制中创作，越能体现水平，创作出来的作品可能也会更令人出乎意料，这就是创意的魅力。所以，创意其实并不是天马行空的，有一定的限制，反而能激发出更为美妙的创意。如果说创意是天空中放飞的风筝，那么目的就是手中握着的线。

4. 创意只跟创意工作者有关，跟普通人关系不大

提及创意，大部分人脑海里的第一反应就是：那是艺术家、设计师、插画师、编剧、导演、广告人、营销人、新媒体主编的活儿，而本人的工作不涉及这些领域，便不需要创意。

但仔细想想，我们的工作、生活需不需要解决问题？当你拥有创意思维方式，你会发现自己看待很多事情会自然而然地涌现出两种以上的视角，灵活处理问题的能力、整合资源的能力也会大大提升，遇到紧急问题也会经常有"急智"，并且随之而来，你会发现自己的情绪比以前稳定许多，幸福感也会有所提升。经过这种弹性思维训练，你将会逐渐成为一个拥有"第三种解决问题能力"的人。

因此我们每个人都需要创意能力，它不仅是一种思维能力，更是我们解决问题的万能帮手。

第二章
十大通用
创意法则

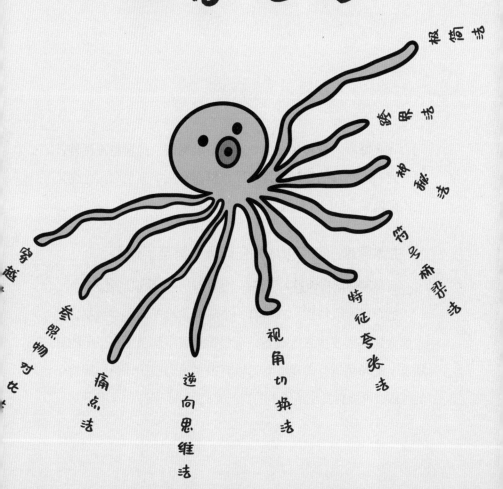

极简法

跨界法

神秘法

引心结合法

特征夸张法

视角切换法

逆向思维法

痛点法

参照物对比

量感

时空错乱也是一种美
——创意法则 1：穿越法

飞飞每周末最喜欢去的地方便是展览馆，这周也不例外，她来到一个小众的穿越主题展厅，里面有三个分主题，分别是主体穿越展、空间穿越展、时间穿越展。

1. 主体穿越：你可以成为任何人，甚至不是人

飞飞满怀期待地进入了第一个展厅——主体穿越展。

这个展厅很特别，其中有一个隧道是星球外太空风格，进入前大家都需要换衣服装备，全程扮演成宇航员（小王子的好朋友）的角色进行参观。隧道里有很多魔幻镜子，当你照镜子的时候，可能会发现镜子里的自己变成了一只猫、一朵花儿等。

飞飞觉得很新奇，便拿本子和笔把接收到的信息记下来，心想以后可以作为灵感来源。

主体穿越分两种：

（1）人与人的穿越——例如"我"和宇航员穿越，不仅可以是身份穿越，还不限性别。

（2）人与物（包括动物或物体）的穿越——这种穿越类似文学中的拟人化，例如"我是猫""我是狗""我是花"等。

飞飞正准备从主体穿越展出来时，看到门口电视画面中策

展人在介绍策划思路，立马记录了下来：主体穿越法的好处在于，置换了主体，与目前的身份/性别等形成了对比，通过营造冲突感来强化对某一类群体/物种的理解、体谅或其他情感（飞飞立马联想到一些项目需求或许可以运用主体穿越法，例如，医生与患者身份互换，了解彼此的不容易，更有助于改善医患关系；又如，情侣互换，进一步了解男女之间的不同；再如，化身流浪猫狗，让大家体会它们的可怜处境；等等）。

2. 空间穿越：世界那么大，可随时随地去看看

随后，飞飞进入了第二个主题展厅——空间穿越展。

里面有很多不同的入口，飞飞一会儿进入冰冷的有企鹅的南极，一会儿来到炎热的非洲，一会儿又穿梭到灯红酒绿的繁华城市街道，更好玩的是，她不知不觉走进了一本书里，走进了《小红帽》的故事中，文字比她的脚掌都大。走出来后，飞飞发现自己又进入了一个人的梦境，在他的梦里徜徉，经历着他梦里的故事。

飞飞觉得好奇妙，快速走到展厅末尾的电视机处，开始记录创意知识点。

空间穿越包括：

（1）不同地域穿越——例如，从广州穿越到欧洲，从南亚穿越到北非，等等。

（2）不同维度穿越——例如，穿越到书里，穿越到梦境里

（电影《盗梦空间》就运用了这个手法）。

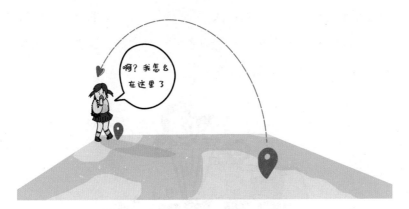

空间穿越法的好处在于：置换了空间，与目前的空间环境形成对比，通过营造冲突感来强化环境间的差异感（例如，穿越到童话书中，脱离了世俗繁杂；再如，穿越到乡村，了解到农民耕种的辛苦）。

3. 时间穿越：怀念从前，畅想未来

紧接着飞飞又前往第三个主题展厅——时间穿越展。

这个展厅相对比较简单，有两个房间，分别是：现在→以前、现在→未来。飞飞回到自己的童年时代，看到了当时的流行明星、当时的复古穿搭，还有当时的小灵通手机，一切都是那么熟悉，勾起了飞飞不少回忆；随后飞飞又穿越到了未来，她在未来的科幻智能世界里徜徉，看到了很多智能大屏，内心的想法都能显示在屏幕上……飞飞依依不舍地走出场馆，同样做了记录。

时间穿越法的好处在于：置换了时间，与目前生活的时间阶段形成对比，通过营造冲突感强化时间维度上的一些珍贵情感（例如，穿越到以前，怀念以前的淳朴之风；穿越到未来，对高科技、新世界充满憧憬与向往）。

飞飞突然联想到工作上的一个需求——近期税务局客户要举办一项体验活动（客户要求吸引更多的纳税人参加，并且希望纳税人参加后能留下深刻印象），岂不是可以用上穿越法？例如设置一个体验列车，进了列车便穿越到20年前，有税务局的历史文化展览、税票的实体物件陈列以及以前的版税流程步骤等可供大家体验参观。

飞飞仿佛被点醒了，急匆匆地跑回家开始写策划方案。

创意小练习

请尝试使用穿越法编写一部微电影或一个小故事。		
主体穿越法	空间穿越法	时间穿越法

创意 法则卡

穿越法

- **方法1：主体穿越法（人→人/人→物）**
- **方法2：空间穿越法**
  不同地域：广州→非洲；欧美→北极
  不同维度：现实→书本；现实→梦里
- **方法3：时间穿越法**
  以前→现在；现在→以前；未来→现在；
  现在→未来；以前→未来；未来→以前

适用场景

营销策划、脚本策划、海报设计、画面绘制等

使用该方法的好处

1. 提升新鲜感（因为穿越会与日常有些不同）
2. 增强体验感（亲自参与、沉浸感强）

避坑指南

基于某种目的穿越，不要简单地作为吸睛工具

没有无，就无所谓有
——创意法则 2：参照物对比法

周会上，领导提出了一个项目，需要制作一张餐饮品牌海报（受众群体是"80后""90后"的职场白领），传播目的是建立与消费群体之间的情感联结。听完领导的项目介绍，飞飞对"联结感"挺有感觉，脑海中马上闪现出一幅"手牵手"的画面。但回头一想，不对，领导经常提醒"创意不是天马行空地胡思乱想"。

于是飞飞赶紧拿出领导刚刚给的《××餐厅市场分析数据报告》，报告的第一章就是《品牌核心用户画像》，还有《市场需求分析》《品牌竞品分析》……她看得两眼放光，津津有味。

1. 找到"符合传播目的"+"过人之处"的点

首先，做任何策划，准备呈现的要点都须服务于客户的传播目的，本次传播目的是建立与消费群体之间的情感联结。飞飞仔细研读了市场调研报告，发现该品牌的"24小时营业"是区隔于同行业其他品牌的一个最有利的情感联结点，因此她准备锁定"24小时营业"这个点进行宣传。

2. 以"常规"事物作参照物，进行对比突出

解决了第一个"锁定要点"的问题后，又该如何凸显要点呢？飞飞开始抓耳挠腮。

正在此时，她突然回忆起一个场景：某天晚上加班到凌晨两点，她又饿又困，整条路黑黢黢的，只有该品牌还亮着灯，正好解决了她饿肚子的苦恼，当时倍感温暖。

创意是感性和理性的结合体。飞飞拿出纸和笔，快速分析起来：同行业内24小时营业的店很少→也就意味着它独特、不同寻常→如何凸显？→用"寻常"的参照物来衬托。

飞飞按这个思路脑补了海报的视觉画面：周围黑着灯，店铺全都关了，只有遥远的地方亮着灯，成为通宵达旦打工人的"灯塔"，那个店就是该品牌。

飞飞顺利完成了提案，并且记录下了这个创意方法，便于日后同类策划使用：参照物对比法，就是借助两个事物的属性差异，进行明暗、大小、长短等元素的比较，在参照物的衬托下，凸显其特别之处。

创意小练习

一款手机拍照 App，请你大开脑洞，尝试采用参照物对比法玩一玩。		
产品	被对比物	尝试写一句文案
某款手机拍照 App		

创意 法则卡

参 照 物 对 比 法

第一步：寻找要呈现的要点
（这个要点需要服务于目的，并且有"过人之处"）

第二步：以"常规"事物作参照物，进行对比突出

参照物对比法的其他延伸

● **同类参照物对比：** 利于在现有市场中突出优势，适用于市场中的竞品对比。
例如：A手机（运行力）vs．B手机（运行力）

● **近类参照物对比：** 一般适用于开拓市场新需求。
例如：蛋黄酥vs．早餐面包

● **远类参照物对比：** 该方法有利于发现借鉴点、利于创新。
例如：相机vs．无人机航拍

适用场景

产品营销、文案策划、方案撰写、海报设计等

使用该方法的好处

1. 一目了然，最大化凸显事物的"亮点"
2. 使"亮点"更好地被受众感知

避坑指南

对竞品间的对比需要小心，避免违反广告法

面对问题，要么痛苦，要么幽默
——创意法则 3：痛点法

为了锻炼员工的创意能力，飞飞所在的公司每月都会举办创意比赛活动。公司会提前给出命题，让员工用趣味短视频的方式投稿，最后依据创意分和趣味分评选。本次的命题是：做一个育发液产品的推广方案，售卖给脱发的人。收到议题后，大家开始筹备。

以飞飞的以往经验来看，营销售卖产品的最佳方法便是痛点法。

1. 抓痛点，还是抓痒痒

首先应该找准痛点，真痛点是目标群体的恐惧和焦虑，产品可能就是他们的救命稻草，就像本次命题中的脱发严重现象和植发产品之间的关系（脱发严重→如果不处理，可能有秃头风险→植发产品）。

　　而假痛点（也称为痒点）通常是目标群体的愿望，产品可以使他们成为更好的自己。与真痛点的区别点在于：假痛点解决的迫切性没有那么高，这个产品对目标群体而言是可有可无的，有是增色，没有也没事儿（如果从头发产品领域来看，就类似头发干枯与护发素之间的关系，头发干枯→想变得更好→护发素）。

　　那么本次营销的痛点毋庸置疑就是脱发严重，发量少。

但飞飞又觉得"脱发"这个话题有点敏感，不宜戏说脱发群体，并且本次比赛的评审标准中趣味也占有一定比重，因此想用比较趣味、戏谑的方式来进行。

2. 极端痛点：在痛点上"撒盐"

痛点法中有个手法是极端痛点，就是在痛点上"撒盐"，使痛上加痛，重在加深程度。

飞飞开始拆解：痛点是发量少，如果加深程度，那么便是让头发更少。怎么才能用更好玩的方法"变少头发"呢？最好是利用一些突发事件制造戏谑趣味感。飞飞突发奇想，要不就来一场大风吧，画面可以这样：一个卡通人物本来就只剩下几根头发（痛点），大风一吹，连这几根也掉光了（更痛）。

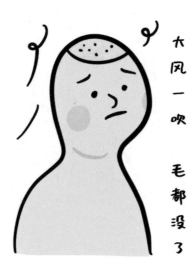

大风一吹 毛都没了

3. 戏剧化痛点：把痛点戏谑幽默化

　　飞飞看到痛点法还有另外一种玩法：让痛点充满戏剧性，就是针对问题/痛点进行戏谑幽默化，尽管这在一些场景现实中出现的概率几乎为零，但依旧可以去想象，主要目的就是让问题显得更滑稽可笑。与极端痛点法不同，问题戏剧法重在转换。

　　例如：一个卡通人物本来就只剩下几根头发（痛点），经大风一吹，这几根头发立了起来（戏剧化），紧接着他竟然要去相亲（戏剧化）。

　　到了比赛那一天，飞飞制作的两个视频成功入选，领导给出的奖项评语是：让问题深入人心，看完后使人牢记住痛点，此外风格活泼幽默，虽讲述的是痛点问题，但不至于太令人难堪。

创意小练习

场景一：

　　零售行业对如何处理客户留存的问题很是烦恼，目前你有一款管理客户体验的产品，请尝试用极端痛点的手法写一句营销文案。

场景二：

　　有一款去腿毛的产品，请你尝试用戏剧化痛点的手法写一句营销文案（要让人既记住产品卖点，又能轻松一笑）

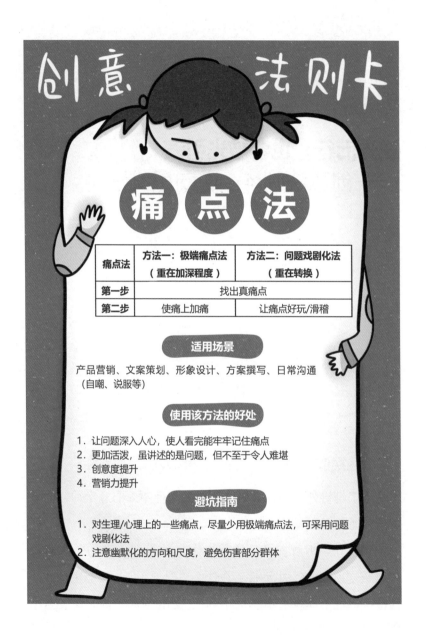

创意 法则卡

痛 点 法

痛点法	方法一：极端痛点法 （重在加深程度）	方法二：问题戏剧化法 （重在转换）
第一步	找出真痛点	
第二步	使痛上加痛	让痛点好玩/滑稽

适用场景

产品营销、文案策划、形象设计、方案撰写、日常沟通
（自嘲、说服等）

使用该方法的好处

1. 让问题深入人心，使人看完能牢牢记住痛点
2. 更加活泼，虽讲述的是问题，但不至于令人难堪
3. 创意度提升
4. 营销力提升

避坑指南

1. 对生理/心理上的一些痛点，尽量少用极端痛点法，可采用问题戏剧化法
2. 注意幽默化的方向和尺度，避免伤害部分群体

逆光而行，也会被光引领
——创意法则 4：逆向思维法

周末到了，飞飞帮姐姐带娃：上午辅导外甥写作业，下午带外甥逛公园。在一整天的相处中，飞飞感觉很愉快，还意外掌握了"逆向思维法"，她兴奋地在手账本中记录下来。

1. 角色换位逆向法——换个角色就能解决问题

上午辅导外甥写作业时，飞飞发现他不太愿意学习，而且怎么教他都不会。

飞飞开始拆解探索：孩子为什么学不会——（1）太难；（2）不想学，缺乏主动性。在什么情况下，孩子会有主动性，且自己愿意主动攻克难题呢？——当然是玩游戏的时候、当小班干部／小老师的时候……

和他玩一个游戏：让外甥当小老师，自己只需装傻，不停地说"不懂"，让他来教，并且在这个过程中不断提问，那么他只有自己搞懂知识点才能当好老师了。

果不其然，外甥顺利地完成了所有作业，而且乐在其中。巧妙转换角色，反方向行走，有时反而就是另一种前进方式。这便是逆向思维法中的角色换位逆向思路，著名物理学家、诺贝尔奖得主理查德·费曼所提出的费曼学习法——"教就是最好的学"，便是角色换位逆向法的一个典型案例。

2. 反义逆向法——偏偏反着来，轻松找到解决新思路

下午飞飞带外甥去动物园，可直到傍晚 6 点，外甥还是不愿意离开，吵着要把整个动物园带走。童言稚语令飞飞哭笑不得，很是无奈。

正在这时，飞飞看到一个景区周边店，里面有动物园的同比例小模型手办。飞飞立马买给外甥，外甥也终于愿意回家了。

细细回想，这其实是一种逆向法，也叫反义逆向法，即在事物的属性中寻找反义，寻求新的解决思路。

景区大→景区变小，贵→便宜，于是变成迷你模型，游客们纷纷购买带走。这便是一个运用事物的属性反义转化而产出的创意。

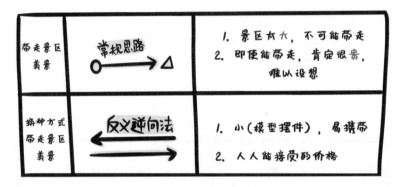

反义逆向法常用的属性公式如下。

（1）属性视角：软—硬、长—短、大—小、贵—便宜。

（2）位置视角：上—下、左—右。

（3）过程视角：A 到 B、B 到 A（如：固态变气态，气态变固态）。

反义逆向法常用于产品创新，在日常生活中也有很多例子用到反义逆向法，例如空调在夏天制冷，在冬天也可以变成暖气——制热，冬暖夏凉两不误。

3. 缺点逆向法——"问题"也能变"宝藏"

在回家路上，外甥跟飞飞聊起他的新发现：猫头鹰的耳朵是左右不对称的，袋熊的便便是立方体的，长颈鹿的舌头可以伸到耳朵里……

飞飞发现外甥的观察力和洞察力非常强，突然又联想到缺点逆向法。

　　用逆向思维看待问题，很多问题便会迎刃而解，甚至"问题"也能变成"宝藏"，例如：外甥虽然平时内向、不爱说话，见到陌生人甚至不敢打招呼，如果用问题视角看待，会觉得这是缺点，需要纠正，但倘若用机会视角来看待，则可能从中发掘出孩子在观察、洞察方面的一些能力。

　　在创意领域经常会用到缺点逆向法——当一个事物有缺点（缺陷、弊端、劣势）的时候，先不要着急改变，这时最适合使用缺点逆向法，说不定事情会有转机。

　　◆　如有一批牛仔裤破了洞，卖不出去。

　　缺点：牛仔裤破洞——开启逆向思考，看缺陷能否开辟新天地，于是破洞成为一股风潮。

　　◆　又如，将保温杯卖到炎热的海南，却销量不佳。

　　缺点：热——开启逆向思考，全面修改广告文案，改为"冰镇杯——保温效果 24 小时，隔天喝还是冰凉凉的"，立马变成畅销产品。

　　真没想到，带娃还能有惊喜。总结出创意方法，飞飞感觉收获满满，回家后把"治服"外甥的妙招传授给姐姐，姐姐也觉得妙哉。

创意小练习

想一想，你最近有什么棘手问题？有没有可能利用以上逆向思维法开辟新的解决路径？如果可以，你的逆向思路是什么？用了三个逆向法中的哪一种方法？

事件描述	常规解决思路	逆向解决思路	用了哪种逆向法

创意 法则卡

逆向思维法

方法一： 角色换位逆向法	方法二： 反义逆向法	方法三： 缺点逆向法
从对方角度/需求出发，与常规解决思路反向而行	找到事物的属性，从反义出发 属性视角：软—硬、长—短、大—小、贵—便宜 位置视角：上—下、左—右 过程视角：A→B、B→A	1. 找到问题/缺点 2. 转变为机会点

适用场景

营销策划、形象设计、日常沟通等

使用该方法的好处

1. 一反常规，极具创新性
2. 常规思维难以解决的问题，通过逆向思维可能轻松破解
3. 不仅能解决问题，甚至能化弊为利，形成大翻转，效益倍增

避坑指南

1. 不要批判前期产生的任何想法
2. 不要为了异而异，为了反而反，要根据解决效果判定用哪种解决方式

一个视角就是一个剧本

——创意法则 5：视角切换法

春节将至，飞飞想着打扫卫生，可刚一起身就开始犯懒，又窝回沙发，打算买个吸尘器帮自己打扫。挑选时，飞飞发现了商家的多个营销视角，觉得有趣极了，便开始做总结和记录，最典型的有这三种：平面视角、"上帝"视角、微型空间视角。

1. 平面视角——UBC 品牌关系圈视角模型

视角切换法中，最常见的是平面视角。平面视角可以理解为我们日常生活的正常视角，在生活常态里构思即可，但也并非散乱地去构思。我们可以用 UBC 品牌关系圈视角模型作为抓手进行切入。UBC 品牌关系圈视角模型围绕用户、品牌、竞争对手三者之间的关系，延展至用户、朋友、品牌、对手、痛点、专家、优势七种切入角度。具体如下。

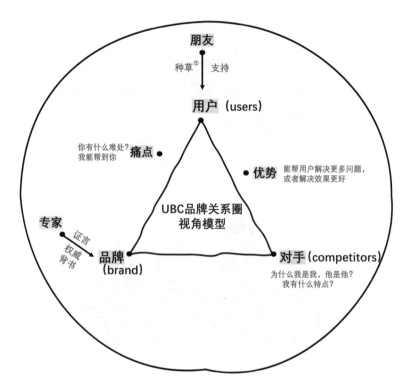

（1）用户——"戳中"用户，说出用户想说的话。

◆ （主要突出我用了产品感觉如何）爽歪歪，即使躺平，
妈妈也没骂我懒。

◆ （我的问题解决了）我家地板上连一根头发都看不到。

◆ （我的价值观宣言）家务不是非得女方干或者男方干，
一起出钱让机器人干。

———————————————————

① 给别人推荐好货以诱人购买的行为。

（2）朋友——口碑种草营销。

◆ （我用了很好，你用也一样）姐妹们，疯狂种草这款吸尘器，真是绝了！

（3）品牌——塑造品牌形象。

◆ （我能给你带来什么好处）你家里 10 年的扫地工作，199 元我就全包了。

◆ （品牌价值观宣言——我的价值观是这样的，同频的欢迎加入）一生那么短，应该把时间用在对美好事物的创造上。

（4）对手——为用户做品牌区隔。

◆ （怎么认准我？我有什么特点）认准能和你直接实现智能聊天的 ×× 牌吸尘器。

（5）痛点——痛点营销，刺激消费。

◆ （你有什么难处，我可以帮到你）你还在为头发塞下水道而烦恼吗，还在为每天吹完头发就要扫一次地而烦恼吗？ ×× 牌吸尘器能解决你的一切困扰。

（6）专家——做权威背书。

◆ （经过我的专业研究，这款产品真的好）经 ×× 机构

认证以及 ×× 专家调研测评，该款吸尘器的智能系统可达到一个 5 岁小孩的智力水准。

（7）优势——放大产品功能优势。

◆ （我比别的产品厉害在哪儿）不仅能解决地板灰尘、毛发问题，连螨虫也一扫而光。

2. "上帝"视角——巨大无比且无所不知

飞飞还看到了这则吸尘器广告：俯瞰结构为 4 室 3 厅的 200 平方米的大房子，整个地板上连一根头发也没有。

除了平面视角，还有一种日常较难实现的视角——"上帝"视角。"上帝"通常会让人联想到巨大无比且无所不知。

因此，"上帝"视角一般用于较为宏观的场景，为用户提供一个全局概览视角，如特仑苏俯瞰庞大的呼伦贝尔大草原、农夫山泉跨越千山万水运输的一滴水……

"上帝"视角切换法也常用于一些有"揭秘"感觉的场景（增添信息的了解面），甚至可以打破物理存在。例如打破屋顶的存在，直接看到前台和后厨："厨邦酱油美味鲜，晒足 180 天"；看工厂流水线的生产状态；等等。

"上帝"视角适用于需要全局概览的场面，微小的东西不合适使用此法，否则会让本来就难以被察觉的"微观"更加令人找不到了。

3. 微型空间视角——日常难以体会的感觉

与"上帝"视角相反的是微型空间视角，就是构建一个日常生活中难以置身其中的微小的空间视角。以吸尘器为例，将自己缩小到与灰尘一般大小，看到庞大的吸尘器，可能你会飞快地跑，抱住桌腿，也抵挡不住吸尘器的吸力（以此突出吸尘器的力度）。

又如，要突出一双袜子有多暖，可以尝试把自己缩小，缩小到可以躲进袜子里，在里面享受暖烘烘的世界，冬天穿着背心、短裙在袜子里跳舞。

构建微型空间视角是对一个常见事物立刻产生全新感知的好方法。不过，微型空间视角适用于常见事物，若本身是大家不熟悉的新产品，那么很难让人在微观中产生新感知，反而让受众一头雾水……

飞飞觉得这个吸尘器买值了，还学习了这么多创意方法。掌握了视角切换法，就仿佛拿到了创意遥控器，每次都能切换创意频道，一旦视角变了，感觉整个世界也变了。视角切换法的核心是：一个视角就是一个剧本，跳出营销策划，生活也是如此。

创意小练习

你也动手试试吧！请用视角切换法对一个汽车品牌做多视角海报文案写作。	
视角		请尝试写文案

视角		请尝试写文案
平面视角切换法	用户	
	朋友	
	品牌	
	对手	
	痛点	
	专家	
	优势	
"上帝"视角		
微型空间视角		

创意 法则卡

视 角 切 换 法

平面视角	● 切入点1：用户（我用了产品感觉如何）（我的问题解决了）（我的价值观宣言） ● 切入点2：朋友（我用了很好，你用也一样） ● 切入点3：品牌（我能给你带来什么好处）（品牌价值观宣言——我的价值观是这样的） ● 切入点4：对手（怎么认准我？我有什么特点） ● 切入点5：痛点（你有什么难处？我能帮你） ● 切入点6：专家（经过专业研究，这款产品真的好） ● 切入点7：优势（我比别的产品厉害在哪儿）
"上帝"视角	用于较为宏观的场景，提供一个全局概览视角
微型空间视角	1. 锁定一个生活中最常见、人人会用到的物件（如：袜子） 2. 极度缩小自己，构建微型空间视角（如：你躲在袜子里取暖）

适用场景

营销策划、文案策划、脚本策划、海报设计、形象设计、日常沟通（沟通对接）等

使用该方法的好处

1. 基于营销目的，找到最能"击中"用户的视角，提升营销效果
2. 不拘泥于常规视角，提升新意与创意度

避坑指南

1. 从目的出发选择合适视角，切忌本末倒置，为了换视角而换视角
2. 视角切换要注意适用性，否则效果将大打折扣

大，更大，无限大
——创意法则 6：特征夸张法

　　周末飞飞和朋友去买衣服，在商场里看到两个哈哈镜，觉得很有意思，于是开始在哈哈镜前自拍。飞飞很高，而闺密比较矮。在其中一个哈哈镜面前，飞飞变得更高了，闺密变得更矮了；而另一个哈哈镜则相反，飞飞变得非常矮，闺密变得非常高。

　　飞飞细细想了一下，这其实是一种创意方法，自己平时画画的时候也经常使用，叫特征夸张法，通常有两个操作方式：正向特征夸张和反向特征夸张。

1. 正向特征夸张：让大的更大，小的更小

　　正向特征夸张，指的是对人们主观经验熟悉的事物特征进行正方向夸张。可按以下两步进行操作：

（1）抓住主要特征。主要特征是该事物最主要的 / 最突出的 / 人人皆知的特征。例如，长颈鹿最被大众所熟知的特征就是脖子长。

（2）在该特征上做文章，而且"顺势而为"，让大的更大、小的更小、长的更长……

例如，对于长颈鹿，如果只画它脖子长，估计大家不会留下什么深刻印象，因为没什么特别，那就可以试试夸张法，让它的脖子非常长，甚至长得可以绕好几圈。

这个手法并非胡闹，它经常用在商业广告中。例如，薯条长到可以绕地球几圈，跳跳糖跳到外太空，等等，都是抓住了主要特点进行夸张化。

2. 反向特征夸张：让大的变得非常小，让小的变得非常大

反向特征夸张法指的是对人们主观经验熟悉的事物特征进

行反方向夸张。

此法的第一步操作与正向特征夸张法的第一步操作相同——先找到主要特征,第二步则改为反向夸张。例如,正向夸张是让大的更大、小的更小、长的越长、短的越短,而反向夸张就是让大的变得非常小,让小的变得非常大。

举个例子,在某猫粮品牌的宣传中,如果商家想突出自己的品牌不会像其他猫粮那样让猫咪肥胖、不健康,那么就可以用反向夸张法来刻画其他品牌的副作用。

画面可以这么设计:正常情况下猫咪比人小,而在广告宣传中,就不妨让它变得比人还大,甚至顶破房顶。

　　向受众强调要点时，不需要拿大喇叭嚷嚷，也不需要重复三次，只需运用夸张法，便能造成冲击，颠覆人们的固有思维，这时你的创意就能轻松出效果了。

　　此外，无论是正向还是反向，使用特征夸张法的时候都应足够夸张，不能只做些微夸张，要与正常现象形成鲜明对比才给力。夸张的度要超过事物或行为等在范围、数量、程度等方面的逻辑极限，避免出现"明明夸张了，人家还误以为真"的情况"。

　　例如：长颈鹿的脖子像竹竿一样长。（×，有的长颈鹿的脖子的确像竹竿一样长）

　　例如：长颈鹿的脖子绕地球两圈。（√，所有读者都知道你在夸张描述）

　　飞飞发现原来自己平时惯用的手法只要稍加提炼，便能输出方法论，于是决定以后多总结梳理。

创意小练习

请用特征夸张法，画一只大象。	
正向特征夸张	反向特征夸张

创意 法则卡

特征夸张法

◎ **找出关键特征**
该事物最主要的/最突出的/人人皆知的特征

◎ **围绕特征，进行正向/反向夸张**
正向：让大的更大，小的更小
反向：让大的变得非常小，
让小的变得非常大

适用场景

营销策划、文案策划、画面绘制、海报设计等

使用该方法的好处

吸睛、有趣味，颠覆固有思维，让创意立显效果

避坑指南

1. 科普性质或需要写实的类型须慎用
2. 要足够夸张，不能只是做些微夸张，要与正常现象形成鲜明对比才能出创意效果

身体比文字更诚实
——创意法则7：符号桥梁法

飞飞是一个连做梦都经常品尝美食的"大吃货"。某天晚上，她梦见自己吃了巧克力，那是她这辈子吃过的最丝滑的巧克力了，丝滑感非常逼真，像丝绸触摸身体，像在软绵绵的云朵上滑滑梯。一觉醒来，飞飞还记忆犹新。她很好奇：明明自己并没有真的吃到巧克力，但对丝滑的感觉怎么就那么印象深刻呢？

飞飞又进一步深思：只是梦见了"丝绸""云朵""滑滑梯"，并没有真的吃到巧克力，便已经能产生非常逼真的感觉，如果能拆解这个梦的手法，是不是就可以将其迁移到以后的产品营销中了？飞飞开始查找资料，很快发现了感官桥梁法。

感官桥梁法指的是把感官当作桥梁，借助拥有同类感觉的事物进行转译呈现，从而实现抽象信息可被具体感知的效果。感官桥梁法可用于传达感觉（包括触觉、嗅觉、味觉、听觉等）、情绪、关系、理念等。

1. 如何分辨具体信息和抽象信息

运用感官桥梁法首先需要基于目的，锁定要呈现的感觉点。至于具体选哪个感觉点去呈现，则可以根据营销目的，从产品定位/产品特点/产品区隔于其他产品的优点等切入点考虑选择，例如：巧克力的丝滑口感。

需要注意，找的是感觉点，是抽象信息而非具体信息。

具体信息指的是：有物理状态、具体、可被触摸的事物信息，如房子、树、鞋子。

抽象信息则是指抽掉了具体形象的东西，是针对具体事物的属性、关系概括出来的信息，如柔软、丝滑、宽阔、巨大等。抽象信息一般会因人而异，带有主观性。

虽然抽象信息会因人而异，带有主观性，但绝大多数人对基于具体事物的通用感觉认知几乎没有区别，例如，大家都会认为：糖→甜的，蛋糕→软的，枕头→软的……

2. 基于感觉，找同类感觉事物作桥梁

如果是巧克力，抽象信息可以是"丝滑"。

紧接着，要基于感觉找拥有同类感觉的符号元素作桥梁，让抽象感觉更易被感知。例如，要呈现巧克力丝滑→到底有多丝滑呢，就以"丝滑"为桥梁思考什么东西也有这一特质，用另外一种同样丝滑的事物去呈现它，例如梦里的丝绸、滑滑梯、卧在软绵绵的云朵上……

以"感受"为桥梁，就能更好地呈现和传达抽象信息。

但需要注意，这个感受需要大众"可感知"。例如，丝绸、滑滑梯这些日常接触的事物都相对易感知；但例如"使用氨基硅油之后也会丝滑"，虽然也能体现丝滑，然而这个信息点不是大众所熟知的，因此，氨基硅油便不是最佳桥梁符号。

飞飞由此联想到更多营销海报。例如，人们看了火锅海报中的"沸腾的泡泡和烟气、热辣红油、滴油的毛肚"等元素，便会垂涎欲滴，因为这些会唤起他们吃火锅时的美好感觉。

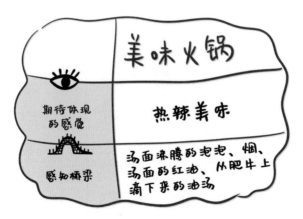

感官桥梁法不仅可以用于传达"感觉"，还可以传达"情绪、关系、理念"等。"学会了这种方法，是不是以后可以写情诗给让自己心动的男生，把喜欢的情愫用系列符号桥梁传达出来呢？"飞飞又开始幻想起来。

 **创意小练习**

请用感官桥梁法呈现以下感觉。		
事物	期待体现的感觉	写出来或画出来都行
跳跳糖	弹跳力十足、超级刺激	
医患关系	相互感激、彼此成就	
慈善捐款	给予的人，会获得更多美好	

创意　法则卡

感官桥梁法

◉ **第一步：基于目的，锁定要呈现的感觉点**
根据营销目的，从产品定位/产品特点/产品区隔于其他产品的优点等切入点考虑选择感觉点

◉ **第二步：基于感觉，找同类感觉事物作桥梁**
如：巧克力的"丝滑"→如丝绸般丝滑、如滑滑梯般丝滑、如卧在软绵绵的云朵上般丝滑等

适用场景

营销策划、文案策划、画面绘制、海报设计等

使用该方法的好处

1. 抽象感觉也能呈现出来，让大众容易感知
2. 可以传达感觉、情绪/关系、理念等

避坑指南

感知桥梁须是大众能轻松感知/有普遍共同认知的常见事物

永远不要告诉我魔术的秘密
——创意法则 8：神秘法

与现在的大部分年轻人一样，飞飞桌上也摆满了盲盒手办玩具。

如果在盲盒店细心留意，你会发现一个神奇的景象——大家都拿着盲盒在耳边摇，试图听出是哪一款，飞飞也是这其中的一员。朋友不解，觉得飞飞胡乱花钱。看到朋友一脸不解的表情，飞飞详细地解释盲盒的商业逻辑。

商家其实采用了一种典型的营销方法——神秘法（盲盒手法仅为神秘法中的一种）。神秘法，顾名思义就是故弄玄虚，不告诉用户卖的是什么产品，故意引起用户的窥探欲。每个人都有强烈的好奇心，你越不告诉他这件事，他就越想知道，如此便能够满足人们的猎奇心理。神秘法有三个手法可以运用：

盲盒法、选项法和无效马赛克法。

1. 神秘法之盲盒法：完全不告诉你，让你盲猜

盲盒法适用于新产品，并且盲盒中的东西要能满足用户的期待，即使抽到的不是自己心仪的东西，也不至于大失所望。

市面上的大部分手办采用了盲盒手法，因为以上两个特点都满足了：新产品（定期更新款式）、满足期待（即使不是心中的款式，但也是该类群体喜欢的东西。如果心仪的手办玩具变成了一个普普通通的橡皮擦，那么盲盒手办就未必有现在的热度了）。

2. 神秘法之选项法：适当给你一点提示

盲盒法是"就不告诉你，让你盲猜"，而选项法则会适当给出一些提示。例如，可以这样提示：这个手办玩具是绿色的，头上戴着小老虎帽子，没有道具，名字中带有一个 M 字符……引导购买者猜测，以勾起兴趣值。这就有一种猜谜语的感觉，

增加了趣味性，充分调动了人们的参与感。

但其实手办玩具更适合用盲盒法而非选项法，原因在于手办玩具有一定的粉丝群体，如果用选项法，网上会有人曝光"谜底"，那么大家很快就能找到自己要买的那款产品，而非盲猜，因此销量会大打折扣。

选项法适用于更新频次不太高的新产品的首次露面，能让人们在猜的过程中不知不觉地记住产品。飞飞记起自己看过的一幅海报，也是用了选项法。海报展现了产品图，根据产品特点（颜色、味道、形状等）让人们思考这类产品可以是什么，把这些选项列出来供人们选择，比直白地展现一款产品更有趣，并且能让人在不知不觉中记住这些特点。

猜猜下图是什么产品的广告？

A、番茄酱

B、洗涤剂

C、食用油

D、调味剂

3. 神秘法之无效马赛克法：犹抱琵琶半遮面

与适用于新产品的盲盒法和选项法不同，无效马赛克法适用于一些大众耳熟能详的品牌（一般用于老品牌的新活动/老品牌的产品升级等），尽管打了马赛克，消费者还是能够一眼就看出是什么产品。

例如，一度大火的瑞幸咖啡和椰子奶的联名营销，马赛克挡了和没挡一样，消费者一眼就能看出联名品牌。马赛克带有"恶搞"的成分，一方面增加了品牌的趣味性，能给品牌带来更高的话题热度；另一方面，马赛克会调动观众的好奇心理，带来更多消费者以及更高频次的消费。

手办玩具不适合用无效马赛克法的原因与上述选项法一样，如果知道了谜底，大家就不用盲猜手办玩具，会直接购买自己想要的玩具，那么销量将大打折扣。

市面上一些看似随意的玩法，其实背后都有其体系的依据和对人性的考量，不得不令人惊叹于创意世界的有趣。

创意小练习

假设你现在是一款预售的香蕉牛奶的产品经理，请你分别采取三种手法绘制不同的海报以宣传产品。		
盲盒法	选项法（给出选项猜产品）	无效马赛克法

创意 法则卡

神 秘 法

● **第一步：明确广告属性**
（新产品上市/老品牌的新活动）

● **第二步：判断使用哪种手法**
（盲盒法/选项法/无效马赛克法）

● **第三步：根据不同情况做广告**

- 盲盒法（就不告诉你）
- 选项法（给出选项，通过画面猜产品）
- 无效马赛克法（挡了和没挡一样）

适用场景

海报设计、画面绘制、形象设计、营销策划、文案策划、产品营销、脚本策划等

使用该方法的好处

1. 制造神秘感，引起消费者的好奇心理，让消费者产生高期待
2. 增加品牌的趣味性，增强消费者和品牌的互动
3. 给品牌带来更高的话题热度

避坑指南

务必提高产品的实用价值，满足用户的需求，避免用户的期望落空

有一种抄袭，不叫抄袭
——创意法则 9：跨界法

休息日，爱美的飞飞与朋友相约去逛街，结果衣服没买到，倒是在"夹娃娃机"夹到了口红礼品，喝了四季宝花生绵绵冰，买了化妆棉……其实飞飞是被他们的营销手法吸引住了，这三者似乎都采用了创意中的"跨界法"思路。回家后，她开始翻资料进行分析。

1. 将 A 领域的形式用于 B 领域

"夹娃娃机"不夹娃娃，改为夹口红等礼品，这便是跨界法中的一种，属于借用 A 领域中某种已经验证成功的手法形式，用于 B 领域。

　　"夹娃娃机"起初是玩具产品的营销方式，以其随机性和不确定性给消费者带来强烈的新鲜感和刺激感。后来，越来越多的产品模仿这种方式，用自己的产品替代玩具，便有了如今的"口红夹机"等。

　　夹口红机里还可能放置少量的滞销款，如此便能把不太热销的口红销售出去。在这个过程中，人们会更想夹中自己想要的款式，但如果夹不到，仅仅夹到滞销款，也比完全没夹到令人满意一些，因为消费者追求的是参与感和刺激感，也就不太在意口红的色号了。

　　◆　跨领域（A 领域→B 领域）：如夹娃娃机→夹口红机

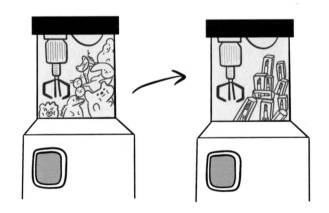

2. 品牌联名，拓新用户

　　跨界法中还有一种常见商业形式是联名，即某品牌和另一品牌合作，将对方的品牌元素嫁接到自己身上，借助双方的知名度，融合各自品牌特性与文化基因，加大受众群体面，产生 1+1 ＞ 2 的效果。

联名并不是两个 LOGO 简单叠加，要注意避免为了跨界而跨界，要强调双方的共同属性，保持双方各自的特色，但又比原来的产品更出彩。

例如，飞飞喝的桂源铺四季宝花生绵绵冰，"四季宝花生"原是涂抹在面包上的花生酱，而"桂源铺"是一家年轻奶茶店品牌，它们联名之后，花生酱并非只能涂抹面包，而是拓展到可以给年轻群体当作下午茶；而桂源铺不仅收获了想要尝鲜的年轻群体，也收获了老品牌四季宝花生酱的原有用户，因为原有用户也想试试吸花生酱是什么感觉。

◆ 联名法（两个品牌合作）：四季宝花生＋桂源铺奶茶店

3. 让独特优势开花，扩展更多可能性

除了以上两种，还可以从产品的独特优势 / 功能切入，在保持产品的底层逻辑和原理不变的情况下，寻找并拓展产品优势 / 功能的另一用途。

例如，飞飞购买的化妆棉，原先该品牌是生产厨房用纸，后来品牌方开始思考纤维棉吸水这种技术：除了厨房用纸，还有哪些场景有这种需求呢？通过思维发散和不断改进，化妆棉就产生了。品牌方从纤维棉的吸附原理入手，实现了从厨房用纸到化妆棉的跨界扩展。

◆　扩领域（A 用途→ A+B 用途）：厨房用纸→厨房用纸 + 化妆棉

总而言之，跨界法就是将两个不同领域、不具有直接竞争关系的产品合并，把一方的元素嫁接到另一方的产品上，实现新的创意和功能，给消费者带来新鲜感和刺激感。这种方法在产品制作和设计以及产品营销等方面经常使用。

创意小练习

假设你现在是一款巧克力品牌的产品经理，想要拓宽用户群体，请用跨界法进行策划。

创意 法则卡

跨界法

- 方法1：跨领域（A领域→B领域）
- 方法2：联名法（两个品牌合作）
- 方法3：扩领域（A用途→A+B用途）

适用场景

文案策划、脚本策划、营销策划、产品营销、画面绘制、海报设计、形象设计等

使用该方法的好处

1. 吸引更多不同领域的用户
2. 实现多功能、新创意，给消费者带来新鲜感和刺激感

避坑指南

1. 务必根据营销目的和需求挑选跨界目标
2. 务必保持产品底部逻辑和原理不变

做减法，直面本质的勇气
——创意法则 10：极简法

最近，飞飞在忙一个沐浴露的项目。这一天，她得意地拿着刚设计出来的产品海报去找客户，结果对方瞥了一眼就让她回去重改，说画面太花哨了，希望画面简洁、干净一些。下班后，飞飞路过一家店，招牌上写着：极简主义店，回归事物本原，享受极致简约的生活。隔着玻璃窗，看着众多挂在墙上的海报和物件，飞飞决定进去寻找灵感。

1. 极简，让事物回归本原

极简法，就是通过做减法，把不需要的产品信息剔除，用最干净简洁的画面传递产品的核心信息。当我们设计的产品广告过于"丰满"和繁杂时，就会显得杂乱，使用户抓不住重点。这时我们可考虑采用极简法保持极致的简约，这样反而能让用户缓解视觉疲劳，一眼就抓住重点。

我们总想在广告画面上展现更多的产品信息，让用户记住产品。但一个拥挤无序的空间会让画面显得脏乱，信息冗余，用户反而很难在短时间内理解画面内容，记住产品核心。

因此我们需要把画面极简化，根据产品核心，去除多余信息，重新调整海报排版，让画面更为简洁。将画面极简化的手法有留白、色彩搭配、分解几何形状。

2. 留白：一眼就能看到核心信息

留白是电影、绘画和广告中的常用手法，它不是简单地留出空白的意思，而是通过删除多余元素，合理地分配空间，减少画面信息因太满而带给人的压抑感，从而更好地突出主体信息。

当画面中有许多无意义、不能代表产品核心定位的元素时，比如画面上的动物、花朵、多余的文字等，就要考虑把它去掉，留下最能代表产品特点和主题的元素，越简单越好，产品画面就更清晰了。

当然，仅仅腾出空间还不足以突出信息，要把重要信息放大，把其余元素缩小弱化，留出空间，用户的视线自然就会聚焦到重点上。

大众汽车广告

3. 分解几何形状：任何物体都可以被分解

任何物体都可以被分解为几何形状。以简笔画的形式把产品展现出来，更简洁有趣，也更能捕捉用户的眼球。用线条简单勾勒产品的形状，反而会产生一种直率、酷炫的感觉。

Hut Weber 礼帽广告

4. 色彩搭配：颜色不要超过三种

我们还可以利用色彩搭配来简化突出产品。要想让画面更加简洁，就要避免画面中的色彩繁杂，颜色最好不超过三种。可以考虑将黑色或白色等纯色作为背景色，保留产品本身的色彩。

某品牌饮品广告

逛了一圈后，飞飞灵感乍现，赶紧回家制作好了海报。

其实，不仅作品需要简化，生活也如此脱离对物品的执着，减少不必要的欲望和社交，学会"断舍离"，才能抚平杂乱的内心，让自己的人生更惬意。

创意小练习

假设你是一款面膜产品的产品经理，需要为产品设计海报广告。现有一段产品说明，请你用极简法删除多余信息，提取重要信息，并采取文中的任意一种手法，在下方简单勾勒出海报画面。

产品说明	重要信息	海报画面
这是一款 ×× 品牌面膜，主要针对人群是精致优雅的女大学生。该产品的主要成分有水解玻尿酸、维生素 C 多肽、冰岛冰川水和胶原蛋白等，能够预防肤色不均，增强肌肤的抗氧化能力。使用该面膜后，皮肤会变得亮白光滑和清透，给予使用者极致体验。		

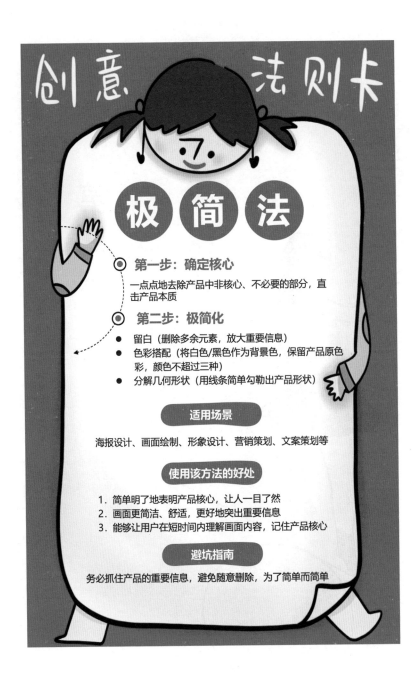

创意 法则卡

极 简 法

◎ **第一步：确定核心**

一点点地去除产品中非核心、不必要的部分，直击产品本质

◎ **第二步：极简化**

- 留白（删除多余元素，放大重要信息）
- 色彩搭配（将白色/黑色作为背景色，保留产品原色彩，颜色不超过三种）
- 分解几何形状（用线条简单勾勒出产品形状）

适用场景

海报设计、画面绘制、形象设计、营销策划、文案策划等

使用该方法的好处

1. 简单明了地表明产品核心，让人一目了然
2. 画面更简洁、舒适，更好地突出重要信息
3. 能够让用户在短时间内理解画面内容，记住产品核心

避坑指南

务必抓住产品的重要信息，避免随意删除，为了简单而简单

文案创意法则

第三章

极度诚实法　抖包袱法　冲突法

拆词法　改写法

汉字与"左邻右舍"都有暧昧关系
——创意法则 11：拆词法

飞飞迈入职场有一段时间了，也存了些积蓄，想给自己和家人买份保险，于是来到了营业厅准备咨询。

她在营业厅看到了一幅海报，觉得非常有意思，文案是：一诺不止千金。这是飞飞之前就留意的一款理财保险产品，原先该产品的文案是"一诺千金"，但是由于最近该产品升级迭代了，更强调"高收益"，于是文案也跟着更新——"一诺不止千金"，既保留原文案，也体现了更新的"高收益"卖点，飞飞觉得妙极了。

该用法在创意中叫拆词法，指的是在设计口号或文案的过程中，将固定词组、专业术语、俗语或谚语等耳熟能详的词句，通过插入其他词句来组成新词句，在拆解、重构的过程中使其焕发新意。

1. 延长：把词语拆得更长，从 AB 变成 A×××B

拆词法有一招叫延长，好比甩拉面的师傅会捏住面团的两端，用技巧将面条拉长、拉细，变得更加劲道美味。延长法也是如此，将词语一分为二，固定在句首和句尾，中间"甩"出一定空间留给其他合适的词句。

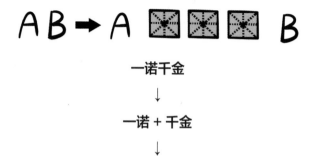

一诺千金

↓

一诺 + 千金

↓

一诺不止千金

另外，在延长词句时，还有一些很好用的连接词：

◆ ……不止……

◆ ……而非……

◆ ……唯有……

◆ ……皆为……

使用连接词能够起到强调、反差、突出的作用。

2. 垫底：把词语拆开，分别放在句尾

飞飞在营业厅还看到另一幅保险营销海报，文案为："无须亡羊，即可补牢。""亡羊补牢"本指出了问题才进行防范，

而保险公司用"无须……即可"便将句子反转了，暗示不用等问题出现了才防范，此时此刻就可以，号召用户购买保险。

亡羊补牢

↓

亡羊 + 补牢

↓

无须亡羊，即可补牢

这也是运用了拆词法，先把一个常用词组拆开，使它们都变为句尾，在中间填充其他内容。

AB

↓

A▨▨▨，B▨▨▨

再如流行语"都是腰间盘，就你最突出"也使用了拆词法。

总体来说，拆词法不仅能够灵活运用现有的词句"宝藏"，容易让人理解，让目标群体有亲近感和熟悉感，而且赋予了词句新的生命，用新意来增加广告的辨识度和传播度，还很容易形成新的流行语。

不过，有一点需要注意，运用拆词法时如果只往原来的词句里填无意义的词，很容易变成无趣的流水账，反而失去了原有词语的凝练和韵味。因此，如果拆完词后依旧和原意相近，或者没有反转、强调的作用，则不适合使用这种方式。

创意小练习

假设你是一款汽车的产品经理，现在你需要为产品设计海报口号。请你用拆词法，从以下几个角度入手，设计几条口号。

拆词法	运用词组	运用成语	运用俗语或谚语
延长			
垫底			

创意 法则卡

拆 词 法

◉ **方法一：延长（AB→A×××B）**

将词语一分为二，固定在句首和句尾，中间"甩"出一定空间留给合适的其他词句

◉ **方法二：垫底（AB→××× A，××× B）**

把一个常用词组拆开，使它们都变为句尾，在中间填充其他内容。

适用场景

广告口号、公开演讲、日常沟通、营销策划、文案策划、脚本策划、产品营销等

使用该方法的好处

1. 使广告口号朗朗上口，更有新意和记忆点
2. 更有趣，让目标群体有亲近感和熟悉感
3. 可增加广告的辨识度和传播度

避坑指南

1. 切忌毫无意义地填词
2. 拆词后务必和原词义不同，或起到反转、强调的作用

借你喜欢的皮囊，说我想说的话
——创意法则 12：改写法

　　飞飞是某脱口秀演员的骨灰级粉丝，常将该演员的一些精彩段子记录下来，比如：路见不平，绕道而行；我就是我，看自己都上火；世上无难事，只要肯放弃……

　　记录的段子数量多了，飞飞从中总结出一些"套路"。有一种套路可以叫作"改写法"，也就是引用、化用大众所熟知的诗歌、俗语、名言和网络用语等，打破原有秩序，建立其逻辑关系的对立面，以凸显出不一样的搞笑效果。

1. 让常见语句变成段子的灵感来源

　　改写法不求"有理有据"，但求"跌破眼镜"，因为这样会有意外感，便于传播。举例来说：

常见语句：路见不平，拔刀相助【原逻辑：有不平→助人】
段子语句：路见不平，绕道而行【新逻辑：有不平→逃走】

常见语句：我就是我，不一样的烟火【原逻辑：提倡"我
　　　　　不一样，我很自信，很欣赏自己"的态度】
段子语句：我就是我，看自己都上火【新逻辑：吐槽"我
　　　　　很烦自己"】

常见语句：世上无难事，只怕有心人【原逻辑：提倡"难
　　　　　事→努力解决"】
段子语句：世上无难事，只要肯放弃【新逻辑：反讽"难
　　　　　事→不解决"】

常见语句：您好，您所拨打的电话正在通话中，请稍后再拨。
　　　　　【原逻辑：联系不到我→待会儿再找我】
段子语句：您好，您所拨打的电话已结婚。【新逻辑：不
　　　　　要再联系我了，不可能的，我结婚了→拒绝】
……

2. 让产品或服务拥有天然的记忆点

　　其实，不止飞飞喜欢的脱口秀中常用这种方法，营销策划领域也常常用到这一招，也就是：找出诗歌或名言中的逻辑关系，将品牌名等信息嫁接其中。比如：

　　◆　家装无难事，只要有京东（电商广告）

　　原文：世上无难事，只要有心人

　　原逻辑：A（领域）的问题，只有B（解决方）能解决

套用逻辑：家装领域的事情→京东解决

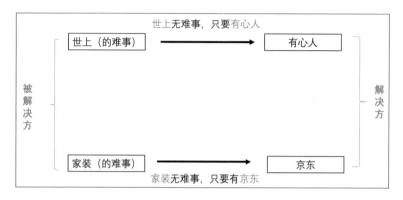

◆ 路见不平，登山鞋相助（品牌鞋广告）

原文：路见不平，拔刀相助

原逻辑：A 问题，B 相助

套用逻辑：路不平→登山鞋可以解决

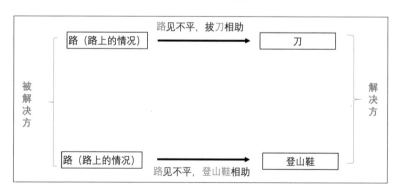

◆ 金窝银窝，不如自己的安乐窝（房地产广告）

原文：金窝银窝，不如自己的狗窝

原逻辑：有 A 有 B，不如有 C（递进）

套用逻辑：有金窝银窝→不如有安乐窝

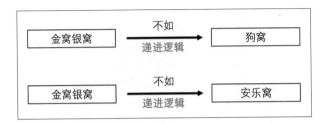

"改写法"非常适用于创意构思,因为已有的诗歌、俗语、名言本身有一定的逻辑结构和流畅度,在此基础上进行化用和改写会更加顺利。

创意小练习

尝试改写以下俗语,看看你用了哪种改写法。		
原文	改写后	使用了哪种改写法
千里之行始于足下		
不管黑猫白猫,能抓老鼠就是好猫		
鱼与熊掌不可兼得		
天生我材必有用		
失败乃成功之母		

创意　　法则卡

改 写 法

方法一： **段子化改写法**	第1步：找到大众所熟知的诗歌/俗语/名言等 第2步：找出原文的逻辑 第3步：打破原有秩序，建立逻辑关系的对立面 如原文：路见不平，拔刀相助 原逻辑：有不平→便助人 对立面：有不平→便逃走 段子化：路见不平，绕道而行
方法二： **营销策划改写法**	找到名言逻辑，进行品牌植入／套用 如：家装无难事，只要有京东（电商广告） 原文：世上无难事，只要有心人 原逻辑：A（领域）的问题，只有B（解决方） 能解决 套用逻辑：家装领域的事情→京东解决

适用场景

营销策划、文案撰写、日常沟通、脚本策划等

使用该方法的好处

1. 大众对名言很熟悉，以其朗朗上口适于传播
2. 出乎意料，幽默风趣

避坑指南

被改写的文案必须是大众所熟知的

极度的坦诚就是无坚不摧
——创意法则 13：极度诚实法

　　临近"双十一"，飞飞的购物车里堆满了她喜欢的商品。飞飞认为，这些衣服、家居用品的广告口号都非常真诚，能充分打动用户，赢得用户的信任。飞飞琢磨着，为了吸引顾客，只对产品的优点大加吹捧，却对缺点避而不提，可能会适得其反。但有些商品的广告口号以巧妙的方式把缺点展现出来，反而有意想不到的广告效果，这种技巧可以称为"极度诚实法"。

1. 用发现美的眼睛挖掘产品优势

　　一个产品不会完美无缺，有优点，肯定就会有缺点。

　　比如一件用花瓣刺绣的衣服，其优点是手工刺绣很独特、很亮眼，缺点则是有点浮夸，不能用于日常穿着。

　　如果刺绣是该款衣服最独特的优点，那么你可以放大优点，说明其独特性，并且诚实告知用户工作日不适宜穿，周末可以穿。从优点着手，把优点放大，弱化缺点，让用户能够接受，觉得即使有缺点，也非常想拥有。

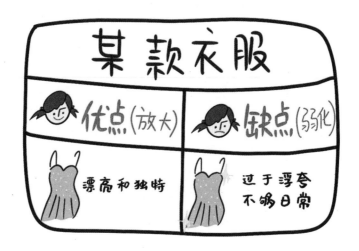

2. 有缺点也不怕，化短处为长处

　　把产品的缺点展现在大家面前，其好处是可以让大家提前知道产品的不足之处，避免在使用的过程中由于期待过高而降低对产品的好感度，但如果掌握好技巧，还有可能把产品的缺点转化成卖点推销出去。

　　换句话说，缺点也是另一面的优点，可以从缺点着手，考虑其是否有变为卖点的可能性。

例如，这件衣服看似浮夸，但在人群中特别亮眼，可以让人一眼就注意到。这对于一些享受被人注视的感觉或者标新立异的人来说，就是非常好的卖点；而对于一些不那么自信的女孩，穿上这样美丽又独特的衣服也可以让她们变得自信。这样不仅能把缺点巧妙地转化成优点，还赋予了产品一定的符号意义：浮夸、不够日常的缺点可以转化成自信、不羁的态度。

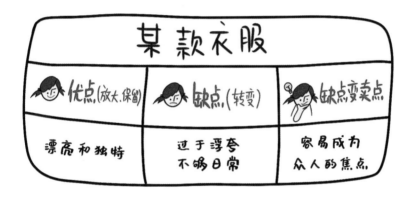

"极度诚实法"不仅适用于文案创意，在段子策划和生活社交中也可以用到。比如在脱口秀中，有的选手会一直强调自己长得丑，极度诚恳地说出来，就像那句"虽然我很丑，但是我很温柔"，外貌和才华形成鲜明的对比，反而让他的长相成了打造记忆点的最佳方式。

创意小练习

假设你是一款防晒产品的产品经理，这款防晒产品的优缺点都较为明显，请尝试用极度诚实法撰写一句营销文案。

优点	缺点	用极度诚实法写一句营销文案
防晒系数业内最高	使用后皮肤容易油腻	

创意　　法则卡

极 度 诚 实 法

◉ **第一步：挖掘优点、利益点（产品优点必须大于缺点）**

◉ **第二步：展现缺点**
- 放大优点，弱化缺点
- 缺点变卖点

适用场景

营销策划、产品营销、文案策划、日常沟通、公开演讲等

使用该方法的好处

1. 让用户感受到品牌的诚意
2. 提前为用户做心理建设，提高购买产品后的满意度
3. 为肉眼可见的缺点找一个解释说明的机会，争取潜在客户

避坑指南

1. 缺点一定不能是产品品质问题
2. 产品优点必须大于缺点

我走过的最远的路，是你的套路
——创意法则 14：抖包袱

　　临近"双十一"，某直播间可热闹了，各大牌博主把自己的口才展现得淋漓尽致，吸引了一波又一波顾客掏腰包。飞飞也不例外，这天下班后打开了某直播间，就被一家客户群体为女性的卖有趣商品的店吸引了。为了不断吸引新网友，并留住已经在直播间的粉丝群体，主播在介绍每个商品时都不断插入段子，让大家有种出乎意料的惊喜和愉悦，在快乐的氛围中舍不得离去，从而看完整场直播，不断下单购买。

　　飞飞看得入了迷，一天的疲惫感也被冲刷得干干净净，脑子里突然冒出来一个想法：为了吸引更多用户群体购买产品，将来公司能否也使用段子的形式，利用直播间留住新老客户？说干就干，飞飞一边听着直播，一边开始搜索段子的制作方法。

一个走心的段子不是简单地通过幽默就能产生的，一般来说，一个好段子＝铺垫＋包袱，铺垫和包袱分别将故事引入两个不同的情节。前面的铺垫不需要好笑，越正经严肃反而越能呈现效果；好笑的部分是后面的包袱，给人制造意外感，直呼"猜中了开头，却猜不中这结局"。

抖包袱是相声中常用的手法，即设置悬念，到关键时刻把悬念和酝酿的笑料丢出来，让观众一愣神，继而开怀大笑。最后这部分笑料就是包袱，也是段子的点睛之笔。这种手法在人际关系和制作广告时也经常使用。

通常，我们有三种手法制作包袱，分别是先抑后扬、逻辑反转和故意曲解。

1. 抖包袱之故意曲解

以飞飞看的直播间为例，在推销面膜时，主播采用了这样一套话术："说实话，真的很讨厌你们这种人，表面上有一套，背地里，补水有一套，美白有一套，祛痘还有一套。"

这里便采用了抖包袱中故意曲解的手法，主播采用大众所熟知的俗语"当面一套，背后一套"，故意曲解，将其改变为字面的意思，让人在开头吓一跳，摸不着头脑，等包袱抖出来时才顿觉既好气又好笑。

◆ 原意：比喻一个人表里不一，口是心非。

◆ 包袱：比喻一个人拥有某物品的很多种类。

◆ 公式：铺垫（方向 A）+ 包袱（方向 B）

注意，包袱与铺垫给的方向差别要大，否则达不到搞笑的效果。

2. 抖包袱之先抑后扬

下面依旧以飞飞看的直播间为例，在推广隐形眼镜时，主播讲了这么一个故事："今天加班得格外辛苦，眼前一片模糊，吓得我赶紧去医院检查，才发现忘了戴隐形眼镜。"

这句话中有两条线，前半部分结合打工人身份，给人制造紧张感，最后抖出包袱给人反转，让人感觉松了一口气，不由得笑出声来。

◆ 铺垫：打工人加班严重，导致身体机能出现了问题。

◆ 包袱：原来只是因为没戴隐形眼镜，才导致视力模糊。

◆ 公式：铺垫（一件危急事情）+ 包袱（以另一件事打破危机）

3. 抖包袱之逻辑反转

抖包袱时还常使用逻辑反转这一技巧，即在铺垫中采用一本正经的语气讲述事实，而在包袱中采用非常规逻辑，戳中观众痛点，让人哭笑不得。

飞飞在观看直播时被主播的这句话给逗乐了："大家在年轻的时候一定要努力，因为只有真正努力的人，才会明白颜值的重要。"

这句话的精彩之处在于前半段劝告当代年轻人要努力奋斗，但后半段又抓住了当代部分年轻人打工时"躺平"的咸鱼心态，用自嘲的方式猛地抖出包袱，让人感觉啼笑皆非。

前提：真正努力的人会怎样呢？

◆ 正常逻辑→才会活出精彩人生（努力是通往进步的阶梯）。

◆ 非常规逻辑→才会明白颜值的重要（努力是没有用的）。

◆ 公式：铺垫（正常逻辑的前提）+ 包袱（非常规逻辑）

主播下线了，飞飞看得意犹未尽，便把学习到的新段子都记在备忘录里，因为她明白，光靠技巧没用，好段子都是通过日复一日的积累和练习形成的，不仅如此，在日常生活中也可以多使用这种方法，这会给人际交往带来无限的乐趣。

创意小练习

假设你是一款行李箱的产品经理，现在你需要在直播时制作一套走心幽默的话术来吸引顾客。请你用抖包袱法寻找铺垫和包袱，制作直播话术。

铺垫	包袱	话术

创意 法则卡

抖 包 袱 法

◎ **抖包袱之故意曲解**
铺垫（方向A）+包袱（方向B）

◎ **抖包袱之先抑后扬**
铺垫（一件危急事情）+包袱（以另一件事打破危机）

◎ **抖包袱之逻辑反转**
铺垫（正常逻辑的前提）+包袱（非常规逻辑）

适用场景

广告口号、公开演讲、日常沟通、营销策划、文案策划、脚本策划、产品营销等

使用该方法的好处

1. 广告口号朗朗上口，可带来反差感和意外感
2. 让目标群体有亲近感和熟悉感
3. 增加广告的辨识度和传播度

避坑指南

1. 包袱的逻辑务必和正常思维逻辑不同，才能制造意外感
2. 包袱务必夸张，因为越夸张反差感就越大

鸡飞蛋打才是生活最真实的模样
——创意法则 15：冲突法

午休时间，飞飞和同事闲聊，得知他们接了一款儿童绘本书籍的短视频营销，但是客户觉得整体节奏太平淡，没有记忆点，同事很发愁。飞飞正好开着某音短视频，他俩聊着聊着就被里面一个个离奇的、充满冲突的故事吸引住了。

飞飞灵机一动，认为可以用"冲突法"让情境更有故事性，从故事开头就抓住用户眼球，避免用户看两眼就划走视频，还能提高视频的完播率，毕竟大家都喜欢有冲突和戏剧性的故事。冲突法是戏剧表演的常用手法，即在故事情境中设计一些矛盾和冲突，制造故事焦点，推动情节发展，环环相扣、层层递进，使剧情更生动、扣人心弦。

1. 矛盾是不可或缺的精彩火花

短视频里的那些故事之所以让人欲罢不能，就在于有很多矛盾和冲突。如果没有矛盾冲突，就得自己主动创造。既然要让儿童绘本相关的故事跌宕起伏，那就先好好设计故事的矛盾点。

飞飞想：不如就从那些精彩的短视频故事里提取共性特点，来帮助同事寻找灵感。飞飞和同事集中刷了一下午的短视频，最后发现，最常见的就是设计人和人之间的矛盾，即因性格、意志、对待事物的态度不同而产生的纠纷和摩擦，比如最能让人"上火"的婆媳故事。

除此之外还有两种矛盾，一种是人和自然或社会环境之间的矛盾，比如职场中的女性偏见；而另一种是自我内心的矛盾冲突，主要在人物思想斗争的过程中表现出来，比如应该追求理想，还是知足常乐？应该找爱你的人，还是你爱的人？这些也是很能引起飞飞共鸣和思考的演绎方式。

人和人之间的矛盾

人和环境之间的矛盾

内心冲突

针对这个儿童绘本项目，飞飞首先排除了内心冲突这种演绎方式，因为儿童绘本大多活泼有趣，富有想象力，且重视亲子互动，而内心冲突更适合成年人的思考型、情绪型的展示。

最后，考虑到儿童绘本的主要群体是幼儿和父母，飞飞便选择了用人与人之间的冲突这种方式。

为了准确把握幼儿和父母之间的矛盾、夫妻双方的矛盾，飞飞还特意去问了宝妈同事。同事提到，幼儿和父母之间的主要矛盾在于幼儿不能清晰表达自己的需求，父母也不能理解孩子哭闹的点在哪，常常对此束手无策。而夫妻之间的矛盾常常在于怎么安排双方承担照顾家庭的责任，比如当幼儿哭泣的时候，年轻的爸爸常会因没有解决办法而逃避责任，导致双方争吵。

2. 制造冲突，让"火"烧旺起来

厘清了矛盾点，接下来飞飞就开始制造冲突，设计出有起承转合和高潮的剧情。飞飞提到，这一步需要把人物安排在一个场景中，使矛盾集中在一起，让"火"烧得更旺一点，使冲突更鲜明，让观众一直处于紧张和期待的情绪中。

飞飞设计了这样一个场景：在一个原本温馨的家庭里，婴儿的啼哭声打破了宁静。夫妻俩手忙脚乱，喂奶粉、换尿布都不能让婴儿停止哭闹，夫妻俩束手无策。（冲突一）

焦灼的妻子待在孩子身边，唱着摇篮曲哄孩子睡觉，而丈夫听见哭声不止，心烦意乱地点燃香烟，到阳台透气。于是，夫妻间的矛盾、紧张压抑的氛围都被婴儿的啼哭声放大了。（冲突二）

飞飞把设计稿拿给同事们看，同事们都表示这样的剧情发展够吸引人，带着"好奇"的心情想知道后面会发生什么。收到大家的正面反馈后，飞飞安心准备接下来的故事编排。

3. 让产品服务成为冲突的解决利器

在设计矛盾冲突的过程中，飞飞意识到不能放任自己越写越长，毕竟短视频就是要快、准、狠。经过精简后，飞飞在结尾引入产品并升华主题。因为在广告中，发生冲突后必须着手解决冲突，才能满足用户需求，留住用户，否则这则广告在用户眼里只是无厘头的情景剧而已。

一般来说，解决冲突的利器就是你需要引出的产品或服务。让一系列冲突都展现在脑海中，再思考怎样才能让产品自然地衔接在冲突之后，又能巧妙地解决矛盾。

飞飞又设计了一个情景：在夫妻俩都非常紧张时，门铃响了。丈夫开门后，发现门边的邮箱里多了一本儿童绘本。疑惑的丈夫拿着绘本来到婴儿身边，婴儿立马就不哭了，夫妻俩对视了一眼，惊喜地打开绘本。妻子开始温柔地讲述绘本中的故事，丈夫则在一旁表演故事情景，孩子终于破涕为笑了，家庭又重归温馨。

在最后的润色修改过程中，飞飞认为还可以在片尾展示广告语，告诉用户，选择它，不是选择这款产品，而是选择人生态度和生活方式：××儿童绘本，一起为孩子营造爱的环境。

没想到，自己平常刷短视频的习惯，还能帮助公司项目挖掘创意。飞飞通过总结提炼，发现了这种"冲突法"，认为只要将其融会贯通，以后可以用在各种策划上，肯定事半功倍。

创意小练习

假设你是一款帆布鞋的产品经理，现在你需要为产品策划一个情景剧来宣传产品，请你根据冲突法，设想一个方案。

冲突一	冲突二	策划方案

创意　法则卡

冲突法

第一步：思考矛盾点

- 人和人之间的矛盾
- 人和环境之间的矛盾
- 内心冲突

第二步：制造冲突

把人物安排在一个场景中，使矛盾集中在一起，让冲突更为鲜明突出

第三步：引入产品，升华主题

选择它，不是选择这款产品，而是选择人生态度和生活方式

适用场景

营销策划、文案策划、脚本策划、产品营销、方案撰写等

使用该方法的好处

1. 故事情节更丰富、扣人心弦
2. 让用户对产品广告的印象更深刻，对产品的认可度更高

避坑指南

务必使各个冲突衔接自然，不要为了展现冲突而将矛盾都挤在一块

第四章

视觉创意法则

镜像法
组接法
场景法
关键词气泡法
反差取景法
明元素融合法

框住我的躯壳，框不住我的灵魂
——创意法则 16：关键词气泡法

　　一年一度的"双十一"又来了，部门需要帮一个电商平台出一张海报图，主要目的是吸引眼球，让消费者知道"双十一"会有零食大促销。平台提供了"基础元素材料包"，里面有：各品牌零食图片、电商平台 logo、主口号、购买规则文本等。飞飞开始进行排版，但由于素材过多，不仅画面混乱，而且由于版面限制，内容也没办法全部呈现。

　　飞飞没思路了，默默地走到设计师背后观望学习。设计师并没有立马动手制作，而是先在纸上列关键词："双十一"＞零食＞各品牌＞游戏规则……基于这个排序，设计师锁定了"11"这个元素作为主题，架构整个画面。飞飞擅于总结提炼，开始记录：

首先，基于目的，思考有哪些关键词；其次，整理这些关键词的重要层级（这里面最重要的信息便是"双十一"）。

1. 向内填充：让气泡里长出"彩蛋"

设计师用"关键词法"做了两个版本的设计提案。第一种：把关键词的轮廓作为设计的大容器，向内进行内容的填充融合。

第一步：把关键词元素描绘成空心的。

第二步：把重要的元素内容填充在关键词里。

市面上有很多商业广告运用这种方法，例如在"双十一"的轮廓里装着各种商品。

关键词轮廓填充法的好处在于：关键词元素显眼、突出，且画面集中，非常吸睛。

2. 向外延展：气泡外长出"美丽新世界"

往里填充是一种方式，那么是不是也可以向外拓展，如此一来是否会有不一样的效果？飞飞好奇地琢磨着，恰好设计师的第二个提案也是这个思路——围绕关键词元素进行场景化演绎。

第一步：围绕关键词元素，选定最贴切的场景。例如："双十一"是电商节日，主要是购物娱乐场景。

第二步：将关键词元素化为场景的一部分，融入其中。例如，锁定商超购物这个场景，把"双十一"植入其中，周围都是商超乐园，"天猫11"就仿佛是其中的建筑背景，格外显眼。

关键词场景法的好处是：关键词突出显眼，且给用户一种场景链接感。

飞飞觉得这样的设计太奇妙了，还给它们起了个新名字——关键词气泡法。没被改造过的关键词是干瘪的，就如透明气泡一样，存在但很容易被人们忽略。但如果换种方式将关键词气泡凸显出来，就会变得十分迷人，广告效果也丰富多了，好像在气泡里长出了"彩蛋"，在外面长出了"美丽新世界"。

创意小练习

请你尝试用两种关键词气泡法，围绕"520"（网络情人节，每年的5月20日和5月21日）画两款电商礼物促销海报。不用担心画画技术，随意发挥你的想象力，尽情涂鸦吧！

向内填充	向外延展

创意 法则卡

7.

关 键 词 气 泡 法

第一步: 列关键词,锁定最重要的关键词

第二步: 围绕关键词提取元素

如:电商→元素可以是商超;双十一→元素可以是11

第三步: 使用关键词气泡法演绎

1. 向内填充(以关键词为轮廓,向里面填充内容)

2. 向外延展(以关键词为场景进行场景演绎)

适用场景

营销策划、海报设计、画面绘制等

使用该方法的好处

1. 关键词突出显眼
2. 吸睛、具有创新度

避坑指南

找准关键词,切忌跑偏方向

人人都喜欢生活在海市蜃楼里
——创意法则 17：场景法

假期，飞飞和朋友们相约玩沉浸式实景剧本杀，馆内阴暗潮湿，每说一句话都能传来回声，到处散发着阴森的气息。飞飞在剧本中扮演追踪凶手的侦探，游戏结束后仍然觉得惊悚，没有完全从角色中脱离出来。这种奇妙的体验促使飞飞对产品营销进行了重新思考：在制作广告时，是否也可以使用场景法满足客户需求？

1. 区分产品营销类型：强功能型 vs. 强符号型

使用场景法的前提是考察客户侧重的产品营销类型，了解客户需求。一般来说，产品营销类型分为以下两种：

A. 强功能型（主要突出产品功能及使用场景），如电饭煲、果汁机、某款功能性 App 等。

B. 强符号型（主要突出产品使用感受，如人性、欲望、仪式、氛围等，意味着一个产品的符号价值大于功能价值），如名贵手表、鲜花等。

当然有的产品可能同时属于以上两种类型，这取决于商家本次营销聚焦的是功能还是感受，然后依然按照上述要求对营销类型进行分类（如：名贵鞋子，既有穿的功能，也有塑造身份感的作用，但需要看商家侧重营销哪一方面）。

2. 对于强功能型产品：呈现功效

区分好产品的类型后，你就可以开始对症下药了。对待强功能型产品可以使用如下的场景法。

对于强功能型产品

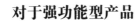

找准聚焦点：商家期待突出的产品功能

如何突出产品功能：放大该功能的卖点（该功能可以实现什么，有什么效果／好处）

如何让产品功能触达用户：演绎用户可感知的实际使用场景

例如，为一款乘地铁 App 打广告，可以演绎乘坐地铁时的

扫码场景：

聚焦的产品功能（这款 App 的乘地铁功能）→突出产品功能，放大卖点（带一个装有该 App 的手机，便能畅通无阻，方便乘地铁）→触达用户（可感知的乘地铁场景）。

又如，为电饭煲打广告，便可以演绎由该电饭煲制作出来的多种美食：

聚焦的产品功能（电饭煲的功能）→传递产品功能（一个电饭煲在手，多款菜式到手）→卖点触达用户（可感知的各种美味菜式场景）。

总的来说，就是用可视化的方式演绎功能的使用场景。

3. 对于强符号型产品：演绎氛围

对待强符号型产品的方法可以运用如下的场景法。

对于强符号型产品

寻找痒点：痒点指的是非必备项，属于用户期待达到的状态、身份、感觉
（例如：名车、名表，痒点就是对应的尊贵身份感）

如何传递：借助符号传递身份期待
（例如：尊贵身份对应的符号，可能是别墅、高端餐厅、高端商务等）

如何让用户有期待获得感：可视化演绎"使用后美好感觉"的可感知场景

例如，一张名贵手表的海报，主要呈现使用后的尊贵身份感场景，如在高档商务场合与大咖老板握手（风度翩翩），又或者在高档情侣餐厅约会（绅士高级感）的场景等。

其中，痒点（戴上名表后的尊贵身份感）→借助符号传递（高档商务场合、高档情侣餐厅等元素）→让用户有期待获得感（场景演绎）。

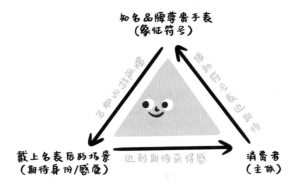

对于强符号型产品，就是通过象征物（产品）的场景化演绎，塑造出美好身份/感受，让用户获得期待，促进消费。

总之，场景法能够提升受众的感知度，无论是功能还是感受，都能完美演绎。

 **创意小练习**

请判断以下产品属于强功能型还是强符号型。

1. 一款炸、煎、烘焙兼于一体的烘焙机（　　　）

2. 一款轻奢、100 年前的拉菲红酒（　　　）

3. 一款无线、倾斜触感、顺滑的电脑手绘板（　　　）

创意 法则卡

场 景 法

◎ **第一步：区分产品营销类型**

- 强功能型（主要突出产品功能及使用场景）
- 强符号型(主要突出产品使用感受（如人性、欲望等），意味一个产品的符号价值 > 功能价值

◎ **第二步：不同产品，不同演绎方式**

- 强功能型产品
聚焦的产品功能→突出产品功能，放大卖点→触达用户
- 强符号型产品
例如，一张名贵手表的海报，主要呈现使用后的尊贵身份感场景；又如，在高档情侣餐厅约会的场景（绅士高级感）

适用场景
产品营销、文案策划、海报设计、画面绘制等

使用该方法的好处
让产品的功能、品牌势能被轻易感知，促进销量

避坑指南
遴选表现元素时须谨慎，所有画面上的元素都要聚焦体现你的营销目的，切忌杂乱无章

环境定义了你是谁
——创意法则 18：反差取景法

富有爱心的飞飞经常义务帮助慈善协会做一些策划、设计等工作。临近感恩节，慈善协会准备为"爱心图书馆修建"公益活动做一张海报，想唤起更多人的爱心，让更多人加入，为贫困山区孩子修建一所图书馆。

这是一个非常有意义的项目，飞飞决定好好琢磨一下。日常的公益海报琳琅满目，但能给人留下记忆的并不多，如果想增强大众记忆度，可以为海报制造"反差感"，如果大众接受信息时有"意外感"，便会增强记忆，在内心留下痕迹。于是飞飞决定用反差的手法，并且想起了之前大学传播老师教她的一招：反差取景法。

说干就干，飞飞开始整理反差取景法的操作步骤。

1. 什么元素能放入取景框

　　首先要确定主题场景，主画面场景需要与主题关联度高，这样可以省去读者理解的时间，让读者立马看懂海报主旨。例如，"爱心图书馆修建"，最强关联的场景便是"读书"，而非毫无关联的"喝奶茶场景"或其他场景。

　　飞飞决定将主画面定为与爱心图书主题最有关联的"一个小女孩专注看书学习"的场景。

2. 后移镜头，扩充更多想象空间

　　接着，她假设自己是摄影师，开始后移镜头，扩充场景。新增出来的场景，便是可以制造反差的想象空间。

3. 在新扩充的场景中，制造想象反差

在想象空间里也不可天马行空地胡乱想象，导师曾经给了飞飞一条黄金想象公式，可以套用在这个场景中。

想象公式：原场景营造的感觉→反转感觉→推演新场景

◆ 原场景：小女孩学习

◆ 场景营造的感觉 / 意象：专注、充满希望……

◆ 反转感觉：嘈杂，无法专注，环境恶劣，很难实现愿望……

◆ 推演新场景：环境很恶劣的地方（这里可自由想象，如鸡飞狗跳的菜市场、拆迁现场、工地现场等都可以植入）……

根据想象公式，飞飞列出了很多意象以及推演场景，然后

便进行组合再造，完成了下面这张图（小女孩专注求知，身处
这样的环境，更让人觉得难能可贵）。

这个方法的神奇之处在于场景中有"感觉 / 情绪"的转化和
反转。因此你会发现，已有场景与新扩充的场景会有 "链接"
与"对比"。"链接"的是两个场景，变为了一个场景；"对比"
则是情绪上的对比。这种拉力和推力会给读者以冲击，让读者
觉得出乎意料、意味深长。

如上述"爱心图书馆"的例子，"链接"的"学习场景"和"嘈
杂场景"合二为一了，"对比"的则是"小女孩的专注、求知欲"
与"在恶劣环境下通常会有的无奈"。两种感觉的对撞更能让
读者觉得心疼，也更愿意加入献爱心活动，守护小女孩的美好
童年。

感恩节前后，海报对外进行宣发，吸引了社会各界的关注，
也募集到一些爱心慈善款项，飞飞很欣慰。

创意小练习

任选一个场景，你也来试试"反差取景法"吧。			
步骤	步骤名称		请填空	需注意
第一步	定场景			与你的 case 关联度最大的场景。（如果你只是想玩一玩、试一试这个方法，则无须考虑）
第二步	后移镜头			四周都可以扩充，如果你只想扩充某一边的画布，也可以
第三步	新扩充的画面：想象放什么场景（可运用想象公式）	主场景		同上第一点
		主场景营造的感觉		主观感觉，可罗列多项，到发挥创意时组合尝试即可
		反转感觉		主观感觉，可罗列多项，到发挥创意时组合尝试即可
		推演新场景		可思考围绕反转感觉最常见 / 最直接能呈现的场景是什么

创意法则卡

反差取景法

◎ **第一步：取景（与主题最相关的）**

这个主画面场景需要与主题关联度最强

◎ **第二步：后移"镜头"扩充场景（画布）**

◎ **第三步：在新扩充的场景中，制造想象反差**

想象公式：原场景营造的感觉→反转感觉→推演新场景

适用场景

文案策划、营销策划、海报设计、画面绘制等

使用该方法的好处

1. 冲击力强，有意外感与反差感
2. 有更强的情绪力

避坑指南

不是为了反转而反转，反转后也是为传播目的服务的

总有些外挂，让你事半功倍
——创意法则 19：组接法

　　飞飞报了一个专项培训班，本期课程是教大家掌握影视创作、创意设计等常用的组接法。

　　最初，老师播放了经典电影《摩登时代》，其中一幕让飞飞赞叹不已——卓别林把工人群众赶进厂门的镜头与被驱赶的羊群的镜头衔接在一起，顿时，工人群众和被驱赶的羊群就仿佛是同一群类。紧接着老师又播放了《春潮》影片，该片末尾组接了涓涓细流的画面，虽然没有明确的结局，但观众也因为这涓涓水流，觉得一切又充满生机，寓意一个好的开放结局。

　　老师解释，这其实是很经典的影视组接手法，其本质便是将不同的镜头 / 画面组接在一起，产生各个镜头单独存在时所不具有的含义，使新组接部分与原有部分产生强化、对比或补充等新感觉，从而产生 1+1>2 的效果。这虽是影视手法，但其实在古典文学中也常被使用，例如"枯藤老树昏鸦，小桥流水人家，古道西风瘦马，夕阳西下"，便营造了孤清冷寂的气氛。

其实，设计师和导演、诗人一样，都是在有限的时间和空间进行创作。有限的时间指的是，在短时间内，通过一幅图来引导观众的思维；有限的空间指的是，在一定的尺寸（如 A4、A3 等大小）的纸张上发挥，虽然纸张大小有限，但是可以在画面上进行组接，以加强对于目的的表达效果，更好地引导观众。

组接法有很多实现方式，常见的有局部替代、对比融合和剪影叠印。

1. 组接法之局部替代：强化现有元素

你看到下面这张图的第一直观感受是什么？

虽然表现饥饿感可以有多种方式，例如肚子咕咕叫、皱眉

头等，但都没有"舔舌头的老虎嘴巴"更有视觉冲击力。这便是使用了组接法中的局部替换手法。操作步骤是：

（1）围绕目的，精准聚焦于一个要素点。如想体现饥饿→重点的元素可以是嘴巴、肚子……

（2）基于想体现的目的，精准地找到可以替换该要素点的其他要素。

相信大家在植发广告中也看到过类似案例：用沙漠替代人的某一块头皮，表示形势严峻，头快要秃了。

（围绕头秃，聚焦于一个要素点——头）

（基于目的：为体现头秃，找到也有"秃"的感觉的其他替代要素——沙漠）

运用该方式的作用在于：画面不够，拼贴来凑。借用强有力的组接元素，来增强表达效果。但须注意，选取的组接元素必须与原元素有关联，不然替换了也会显得突兀，并且选取的组接元素要能较好地为你的表达目的助力。

例如，头顶没头发，可用沙漠来组接，而不可用火山、大海来组接。反之，假设想表达一个人的愤怒，用火山来做元素则较为合适。

总之，元素本身没有对错，只要符合你的表达目的，便是合适的、加分的。

2. 组接法之环境融合：现实元素的拼接

组接法还可通过广告和现实元素的拼接来实现，区别于局部替代，它对现实场景的要求较高，需要在广告和环境载体之间找到结合点，是对现实的想象和延伸。

下面是一张世界环境日的公益海报，通过广告和烟囱的结合，让看过的人大受震撼。

该手法的操作步骤如下：

第一步，明确表达目的。制作世界环境日公益海报的目的是激起人们心中的环保意识，减少空气污染。

第二步，寻找身边环境中可以链接的实物。如空气污染，相关的物体可以有汽车、烟囱……

第三步，确定主题，找到实物和广告的结合点。以这则广告为例，它的广告标语是：空气污染一年会杀死 60 000 人。结合烟囱画面，通过"杀死"一词联想到了枪，这幅极具冲击力的广告画面就诞生了。

当然，环境融合法对于场景和想象力的要求都较高，如果只是简单地强化氛围或者呈现精神/理念层面的信息，可以选用下面的操作方式—剪影叠印。

3. 组接法之剪影叠印：为已有元素做补充

"剪影叠印"不是局部替代，也不是对比融合，而是将两张或多张图完整地进行叠印，且互为剪影，没有明显的拼接痕迹。

下图是一款汽车海报，为了凸显该品牌"追逐梦想，做自己"的理念，用了几个追逐音乐、追逐梦想、奋力跋涉的青年的剪影作为叠印元素，以增强信念感和品牌精神。

操作步骤如下：

第一步，盘点现有能使用的元素。

第二步，找出最能体现传播目的的元素（不局限于现有的，可以多畅想），例如能体现追梦的元素有玩音乐的少年、职场奋斗的少年……

第三步，做剪影叠印处理。

剪影叠印法中的画面较为融合，并非割裂为几部分，对比的效果较弱，因此较多用于"意境 / 理念的补充"而非"对比"。

飞飞听完这堂课受益匪浅，开始记录并提炼要点：

（1）拿到需求时，如果已有元素无法很给力地实现你的表达目的，就可以考虑使用组接法。

（2）基于目的，要判断已有素材是需要被强化，还是被对比，或者被补充。

（3）如果需要被强化，可以考虑局部替代；如果需要被对比，可以考虑对比融合；如果需要被补充，可以考虑剪影叠印。

创意小练习

请你用三种不同的组接法，将下面同一幅画进行二次改造！开练！

用局部替代改造 （你可以局部贴上去）	用环境融合改造 （想象这是一张女人的脸， 请你为她画上另一半妆容）	用剪影叠印改造 （可以画上去）
表现用某款化妆品 可以让女性的肌肤 变得更白嫩	反家庭暴力日海报	妇女节海报，体现 新时代女性精神

创意 法则卡

组 接 法

◎ **组接法之局部替代：** 强化现有元素

◎ **组接法之环境融合：** 现实元素的拼接

◎ **组接法之剪影叠印：** 为已有元素做补充

适用场景

产品营销、文案策划、海报设计等

使用该方法的好处

更具冲击力，增强表达效果

避坑指南

1. 选取的元素必须与原元素有关联，否则会显得突兀
2. 选取的元素要能为你的表达目的助力

平行世界的另一个你
——创意法则 20：镜像法

　　爱心社团最近想要呼吁更多的社会群体关注一种病状——微笑抑郁症，主办方考虑到飞飞创意点子多，便请她帮忙做广告。富有爱心的飞飞二话不说接下任务，运用镜像法让人们直观地感受到了患者的内心世界。

1. 探寻现实状态和内心世界

　　飞飞在书中看过这么一句话："镜子里的世界更加真实，镜子里面的你，其实是平行世界的另一个你。"在广告和影视中常用这种手法：把"镜子"（一切可以反射画面的事物）作为通往另一世界的媒介，展现当事人的内心世界。

在制作微笑抑郁症海报之前要了解什么是微笑抑郁症，患者的现实状态和内心世界到底是怎样的。

现实状态：微笑抑郁症常发生在身份高、能力强的人士身上，他们面对人群时总是强颜欢笑，表现得若无其事，因此平常不易被人察觉。

内心世界：他们内心其实十分焦虑和痛苦，独自一人时，情绪就会立刻低落下来。

2. 利用好身边一切的"镜子"

接下来，可以找"镜子"展现内心世界。这里的"镜子"

不局限于平面镜，任何可以反射光线的东西都可以成为道具，如水面、眼睛、眼镜、窗户、玻璃杯、影子等。

3. 以镜子为媒介：让内心世界显现

通过"镜子"可以将主角内心世界较为抽象的东西直观地显现出来，甚至可以和现实世界形成鲜明的对比。

有两种方法可以通过"镜子"展现另一个世界：一种是镜像映射法，另一种是镜像呼应法。

（1）镜像映射法——进入他人的内心世界。镜像映射法指的是将"镜子"作为另一世界的入口，把观众带入主角的内心世界。这样一来，读者不仅能感同身受，整体的感受氛围也会更加强烈。

在飞飞做的广告里，患者一触碰到镜子就会被"拉"进海底，观众便能对他的痛苦和窒息感感同身受。

（2）镜像呼应法——现实世界 vs. 内心世界。另外一种是镜像呼应法，即让现实世界和内心世界同时出现在画面上，这样带来的视觉冲击会更加强烈，给观众留下更深刻的印象。

飞飞的广告也同样设计了这样一幅画面：患者笑着对领导侃侃而谈，而领导眼睛里却映射出患者的悲伤。

"镜子"反映的是人物真正的现实情况。通过制造反差，将现实世界和内心世界进行对比呼应，会给人留下更深刻的印象。

原来，有种"微笑"并不是人发自内心的真实感受，而是一种负担，久而久之更会成为抑郁的情绪。飞飞的海报推出后反响很大，许多人想报名参与活动，尝试走进患者的内心世界……

创意小练习

假设你是一款蓝牙耳机的产品经理,产品定位是音质好,能让人产生愉悦感。请你用镜像法中的两种手法设计几个画面,以突出产品定位。	
镜像法	**画面**
镜像映射法	
镜像呼应法	

镜 像 法

镜像法	方法一：镜像映射法	方法二：镜像呼应法
第一步	了解对象的现实和精神世界	
第二步	找"镜子"（所有可以反射画面的事物）	
第三步	将"镜子"作为另一世界的入口，把观众带入主角的内心世界	通过制造反差，将患者的现实世界和内心世界进行对比呼应

适用场景

营销策划、海报设计、画面绘制、脚本策划等

使用该方法的好处

1. 更直观地展现主角的内心世界
2. 视觉冲击更强烈，给观众留下更深刻的印象
3. 宣传效果更佳

避坑指南

不能臆想主角的内心世界，要对其进行充分调查和了解

杂乱与和谐之间，隔着一个高手的距离
——创意法则 21：多元素融合法

北京冬奥会期间，吉祥物冰墩墩被疯抢，人们希望早日实现"冰墩墩自由"（轻松获得冰墩墩手办或者公仔）。冰墩墩有多种含义，汇集超多优秀特质于一身，无论男女老少都十分喜爱。据相关媒体报道，冰墩墩熊猫元素代表中国，头部的椭圆凹形代表冬奥会场馆，头部的线条色彩代表冰雕和冬奥色彩，线条代表 5G 时代，手掌的爱心代表中国友爱开放的精神，冰外壳代表冬奥会冰雪项目……

冰墩墩融入了如此多的元素，居然没有违和感，显得十分可爱。飞飞认为其中肯定有秘诀，希望一探究竟，于是浏览了大量的设计原理书籍、干货文章和优秀案例，总结出"多元素融合法"的方法技巧。

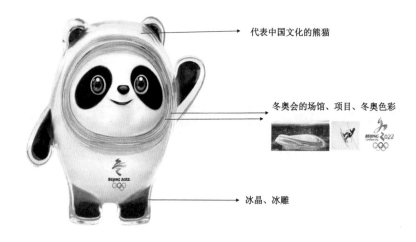

代表中国文化的熊猫

冬奥会的场馆、项目、冬奥色彩

冰晶、冰雕

1. 想以任何形式黏在你身上

多元素融合法，顾名思义，是指将两个或两个以上的视觉元素放置在一起，通过对它们进行融合，构成一个新的有机整体。例如，冰墩墩就采用了这个方法。

多元素融合法的操作步骤如下：

第一步，盘点需要融合的元素。

第二步，思考元素如何融合才更和谐。思考融合的方式有以下三种：

（1）成为主体的一部分。如冰墩墩的手心长了个爱心图案，星巴克的 logo 海妖塞壬长出鱼尾巴，等等，都属于在主体上做融合。

（2）成为道具 / 配件。例如，冰墩墩的冰外壳便是在主体之外用道具去承载元素，不仅可以是外壳，也可以是包包、鞋子、帽子、眼镜、武器等，一切道具都可以为你所用。

（3）成为背景/花纹/纹理/图案。例如，冰墩墩衣服上的冬奥会 logo，某件主题衣服上都是某种花纹元素，某个 logo 的背景肌理代表着某种含义，等等，可以理解为：不放掉每一个可以呈现含义的机会。

有时由于元素过多，若融合的技巧不高，就容易有拼凑感，也可能比较繁复，因此要注意思考用哪种具体手法来体现元素，不要局限于其中的某种手法，也可以是几种手法的自然结合。

2. 你中有我，我中有你

还有一种特殊的融合方式——互嵌式融合，即利用正负空间的差额形成视觉效果，呈现想要体现的元素形态，用一句很

美的话来阐释便是"你中有我，我中有你"。

　　举个例子，一家小熊咖啡店，其 logo 图标需要含有"小熊"和"咖啡"两个元素。如果以小熊为正形，以咖啡为负形，希望突出"小熊牌"，那么可以这样呈现：

　　如果以咖啡为正形，以小熊为负形，希望突出"咖啡"，那么可以如此呈现：

　　这种方法常见于图标型 logo。如果你仔细留意，会发现有很多大牌 logo 采用了这个手法，如星巴克、瑞幸咖啡等，也有一些创意海报会运用该手法。

　　借一个热门话题，便吸收了这么多新信息，但飞飞并不满足于此，又开始琢磨：为什么冰墩墩设计师能够想到那么多元素，而自己总是才思枯竭、创意不够呢……（接下文）

创意小练习

请你运用多元素融合法，将小熊、蜂蜜罐、英文品牌 Lovely Bear 等元素融合起来吧！尝试在下方空白处涂鸦。

创意法则卡

多元素融合法

◎ **第一步：盘点需要融合的元素**

◎ **第二步：思考元素如何合体才更和谐**
- 成为主体的一部分：如冰墩墩的手心长了个爱心图案
- 成为道具/配件：如冰墩墩的冰外壳
- 成为背景/花纹/纹理/图案：如衣服上是某种花纹元素

适用场景

海报设计、形象设计、画面绘制等

使用该方法的好处

1. 含义丰富
2. 主体独特（因为不同的元素、不同的组合方式构成了这个新的独特主体）

避坑指南

须特别注意和谐性，不能胡乱拼接，否则会有违和感

锻炼创意力的五个工具

第五章

给我一个支点，可以点亮整个世界
——创意法则 22：联想法

　　续上文：借一个热门话题，便吸收了这么多新信息，但飞飞并不满足于此，又开始琢磨：为什么冰墩墩设计师能够想到那么多元素，而自己却总是才思枯竭、创意不够呢？好学的她立马报名参加了一个关于联想法的培训。

　　要想用联想法找到好创意，首先要找到联想的支点，任何联想都需要一个主题作为中心，围绕着它进行发散联想。例如冰墩墩，围绕冬奥会主题对应联想出了冬奥会场馆、项目、冰雕、冬奥 logo、冰等元素，而围绕中国又联想出"熊猫、爱心"等元素……

1. 聚焦一个关键词，让灵感最大程度爆发

　　联想也有技巧，老师分享了一个很好用的联想技巧，叫"九

宫格联想法"。

九宫格联想法是一个强迫脑力激荡的思考工具，甚至可以说是一种思考方式，是一种利用九宫格矩阵图发散思维的方法。

九宫格的中央便是需要"被联想"的关键主题，可向四周进行发散联想。

联想1	联想2	联想3
联想4	关键主题	联想5
联想6	联想7	……

培训中，老师以"中国"为关键主题，让大家展开联想：

和平	熊猫	中医
功夫	中国	英雄
中文	长城	强大

有时根据需要，甚至可以设定一个要求或者方向进行发散，例如不仅与中国有关，而且要带有文化韵味的要素：

京剧脸谱	剪纸	汉服
旗袍	中国 （与文化 相关的）	中国结
汉语	四大发明	茶

九宫格联想法的好处在于：抛开杂念，只聚焦于一个关键词，让灵感最大程度地爆发，并且有更多想法可以继续向外扩充。

2. 不同的策划，可以有不同的属性联想

关于联想，有四种常用的属性指向：实转实、实转虚、虚转虚、虚转实。

"实"可以理解为实际物理空间存在的客观事物，如熊猫、冬奥会场馆；"虚"可以理解为抽象的词汇，如快乐、5G 时代、生活、希望等。

（1）实转实——从一个客观事物，联想到另外的客观事物。实转实的方式有利于从一个元素发散出多个元素，常被用于创意策划。

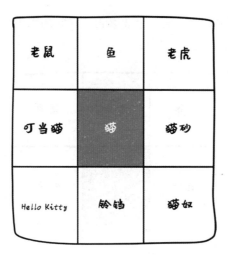

（2）实转虚——从一个客观事物扩展联想到抽象的描绘。
实转虚的方式有利于从一个物体联想到能够描述该物体的其他
词汇，常被用于概念提炼。例如，下面的图片内容就可以扩写为：
猫是一种可爱、好奇、贪吃、慵懒、高冷，并且毛茸茸、柔软
的动物。

可爱	慵懒	动物
高冷	猫	毛茸茸
好奇	贪吃	柔软

（3）虚转虚——从一个抽象的词语联想到另外的抽象词语，常被用于隐喻创作。

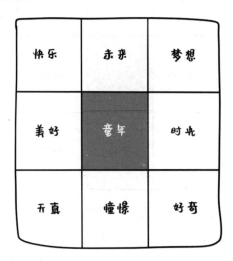

（4）虚转实——从一个抽象的词语联想到具体的客观事物。常被用于图像创作（具象化创作），例如冰墩墩的设计也是利用此方式进行联想。

3. 九宫格联想法的升级版本：莲花法

还有升级版本莲花法，它是一种四面八方、翻倍发散的方式。

8 个创意可以生出 64 个创意，如果创意无限，还可以生出 512 个创意，然后把这些想法加以精简，就可以得到自己需要的。

再过几天就是表妹的生日，飞飞正在替她策划惊喜庆祝方案，开始从中间进行灵感发散：

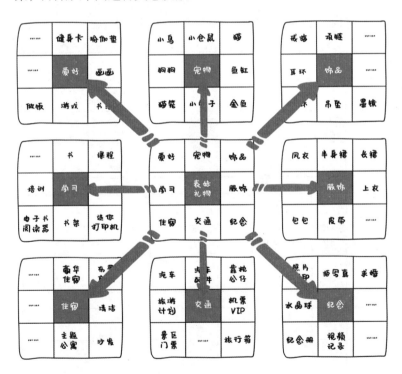

以上方法不仅可以作为个人的联想工具，甚至可以作为团队中的头脑风暴工具，比如利用九宫格进行联想接龙，汇聚大

家的创意。

　　九宫格思考法还有一个学术名词叫作曼陀罗思考法，不仅适用于联想，甚至可以作为工作流程或者决策工具使用。

请你尝试画出下面的联想法，帮妈妈选择一款母亲节礼物！

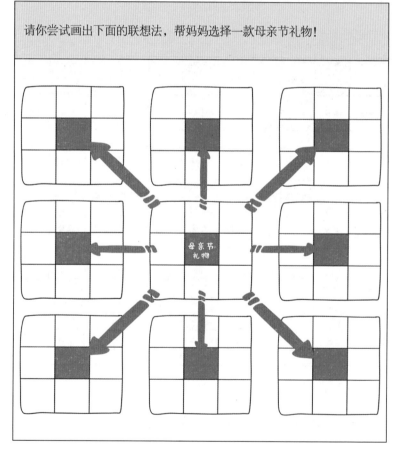

创意　　法则卡

联想法

第一步：找到联想支点

第二步：九宫格发散联想

九宫格指向联想
- 实转实（如：猫→鱼、老鼠……）
- 实转虚（如：猫→可爱、慵懒……）
- 虚转虚（如：童年→天真、美好……）
- 虚转实（如：冬奥会→场馆、火炬……）

九宫格升级联想

适用场景

营销策划、文案策划、头脑风暴会议、项目流程梳理等

使用该方法的好处

1. 强迫脑力激荡，启发联想，是创意生成的好工具
2. 使创意的生成更有"借力桥梁"

避坑指南

1. 勤记录，对任何想法都要写下来，不要仅停留在脑海中
2. 创意过程中不批判任何想法，因为最终定论前，任何想法都有可能是好想法

你知道的远比你以为的多
——创意法则 23：提问法

　　飞飞最近接了一款香薰产品的广告策划，令她意想不到的是，从收到需求到出创意思路，她并没有用多少气力，只是多问了几个问题，最后呈现的效果好得出奇，不禁感慨：创意点居然是靠提问获得的。

1. 通过提问便能了解需求

　　在很多情况下，大部分人收到需求便开始执行，而没有透彻了解需求，导致交付的成果往往不符合客户需要。

　　飞飞从本次实践中学习到，接到一个需求，首先要清楚客户需求，只有目的明确，做出来的创意才不会跑偏，才能解决实际问题。

而飞飞这次为什么能够"快、准、狠"地击中客户的需求呢？原来，在了解项目需求的前期，飞飞采用了"5W+1H"法则深度解析关于项目的具体信息，分别是 what（是什么），who（谁），why（为什么），when（什么时候），where（在哪里），how（怎么样）。

经过实践，效果还挺好的，于是飞飞开始进行复盘：

切入点一：what（这是什么东西）

飞飞——这是一款什么样的产品？

客户——这是一款香薰，由干花制成，它的香味可以飘散很久，能够去除房间里的臭味，还有助眠作用。

切入点二：who（谁在看 / 谁在用 / 谁提出来的……）

飞飞——这款香薰面向谁？

客户——职业女性。

（关于这一点，还可以了解需求由谁提出，谁进行拍板。这些问题都有利于项目的进行。）

切入点三：why（为什么是它）

飞飞——为什么这次营销项目选择做这个产品？

客户——经过市场调研，职业女性普遍压力较大，睡眠质量不好。希望通过这次推广，能够让更多人知道并采购本产品，提高普及度和销量。

切入点四：when（什么时候推出）

飞飞——项目在什么时间截止？什么时候要对外推出？

客户——预期在 3 月 8 日妇女节推出。

切入点五：where（在哪里推出）

飞飞——在哪个平台推广这款产品？

客户——抖音和淘宝。

（飞飞飞快地分析，如果在抖音，需要准备接地气的视频脚本；如果在淘宝，那就需要设计吸引人的海报或活动。）

切入点六：how（怎样做）

飞飞——你们有没有设想过怎么开展？或者期待我们怎么开展？

客户——我们期待你们朝这几个方向做……

此处并非"伸手党"请教客户怎么做，而属于前期需求调研，了解对方的内心预期以及以往经验（如：客户是否有预案，或者觉得别的品牌是否有值得借鉴的地方；客户以往的同类型产品是怎么做的……），再根据对方的需求思考怎么做出满意的交付方案。

到这个步骤，关于需求的大部分信息已经很清晰了，但是提问时需要注意，能让客户激荡的、认真思索的问题才是好问题，对大部分脱口而出的问题，记得向客户追问是否有更多的信息输出。

前期提问做足了，后期的交付才能使客户满意的概率更大。

就像下面两幅图所示，不经过提问直接"开干"的项目，服务方以为自己已经向客户交付很多了，但其实属于"硬给"——给了很多客户根本不需要的东西；而学会提问后，给的东西才是客户想要的，并且比客户想要的再多一点、再深入一点，才能实现超预期交付。

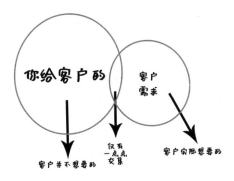

没有深度提问就开干的项目

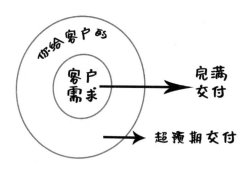

深度提问了解后的项目

2. 创意点也可以通过提问得出

通过提问，还可以产出一个好创意。世界上的伟大创意都是通过提问想出来的，只有保持对于一切的好奇心，把困惑变为问题，我们才能探寻问题的答案，得到一个好的创意。

飞飞依旧拿香薰广告为例进行复盘，她从关联、假设、反向、原因、措施和结果这六个切入点进行提问。

关联：A 和 B 有没有可能挂钩？

首先要保持对世界的好奇心。接到这个项目后，在当天看到的任何东西，都可以和这个产品联系在一起，天马行空地进行提问。

例如，当看到路上的花，飞飞便会想：这些花会不会因为香薰的气味而盛开呢？

路过一座桥时，她又会想：这座桥会不会因为香薰的味道而沉睡呢？

假设：如果……会怎样 / 怎么办？

假设提问最有趣，可以想象一个不可能真实存在的场景和事并思考：这些事可能发生吗？如果发生了，会有什么样的结果呢？

例如：点燃香薰的时候，如果里面的干花复活了怎么办？

如果周围的野兽闻到气味都跑过来了会怎样？

如果这个香薰的气味可以散发到世界另一端会怎样？

反向：如果反过来会怎样？

反向提问就是朝着产品相反的定位去提问。就像那个著名的故事，当苹果从树上落下来的时候，牛顿想：为什么苹果不会往天上飞呢？他由此而发现了万有引力。

继续拿香薰举例，香薰本身的作用是除臭，还可以助眠。飞飞从相反的方向思考——如果它不这样呢？

为什么香薰一定是香的呢？香薰为什么不能是臭豆腐味儿的、榴莲味儿的，说不定会有忠实小众粉丝用户呢？香薰为什么不能是咖啡味儿的，说不定会让人们越来越清醒，起到提神的作用呢？

原因：为什么会这样？

在日常生活中，尤其是小孩，他们天生就喜欢问"为什么"。保持这样的好奇心，多去深挖一件看似普通的事情背后的原因，创意说不定就会喷涌而出。

针对这款香薰，飞飞好奇地想：

为什么它的香味可以持续这么久？

为什么要用花来做香薰呢？

为什么闻到某些熟悉的味道，就会想起前男友呢？

为什么闻到这个气味，人就会想睡觉？

措施：怎样做才能达到 ×× 效果？

提出问题，最重要的是想办法解决问题，从问题中总结相关属性，尽可能地提出更多、更有效的措施。

如何才能让香薰产生更好的助眠效果？干花＋点燃蜡烛＋闻到气味＝助眠。因此，飞飞从中总结出根据散发气味的物体、使用方式和接收渠道这三个属性进行思考：

把干花换成绿叶，或者动物的软毛（如羊毛）会不会有更好的效果？

不需要点燃蜡烛，把它放在水里会不会产生一样的效果？

可以设计一种不需要闻到气味，只要一看见就能助眠的香薰吗？

结果：×× 情况下，会有怎样的效果？

想象一下：在不同的场景不同的人群以不同的方式使用这款产品，会产生什么样的效果。

在春天和冬天使用这款香薰，分别会产生怎样的效果？

屋里的老鼠闻到香薰的气味，会立刻睡着吗？

把香薰里的干花挑出来装饰屋子，会有助眠的效果吗？

一个简单提问背后竟有如此多的讲究！多提问，在心里形成"十万个为什么"，或许人人都能成为创意大师了。

创意小练习

假设你是一款帆布鞋的产品经理。这款帆布鞋专为爱好运动的人士设计，产品定位是轻便，请你用提问法设计一个创意广告。	

提问法则	问题
关联	
假设	
反向	
原因	
措施	
结果	

创意法则卡

提问法

一、提问了解需求
- 切入点1：What（这是什么东西）
- 切入点2：Who（谁在看/谁在用/谁提出来的）
- 切入点3：Why（为什么是这个东西）
- 切入点4：When（什么时候推出）
- 切入点5：Where（在哪里推出）
- 切入点6：How（怎样做）

二、通过提问启发创意
- 切入点1：关联
- 切入点2：假设
- 切入点3：反向
- 切入点4：原因
- 切入点5：措施
- 切入点6：结果

适用场景

人际交往、广告策划、项目决策、头脑风暴等

使用该方法的好处

1. 快速有效地厘清项目的需求
2. 利用发散思维，得到一个好的创意

避坑指南

1. 多用"最"提问
2. 提问时不要带有自己的主观意见和预判

没有关系，那就创造关系
——创意法则 24：捆绑组合法

在为客户策划脚本时，很多同事的创意常常被客户嫌弃过于老套，没有什么新意，无法和现在的读者群体产生互动链接。而飞飞是公司的创意小达人，因此大家纷纷去请教她。飞飞便和大家分享了一个自己常用的锻炼创意的小秘籍——"捆绑组合法"。

"捆绑组合法"的基本思路就是通过自己的联想能力，发现两个或两个以上词语中的共通点或连贯性。简单来说，就是随机列举几个词语，为它们撰写一段故事。故事无论是抽象的还是现实的都可以，目的在于跳出固有套路，发现更多的创意点，从而锻炼创意人员的想象力和发散力。

1. 设计你的创意灵感卡组（游戏）

大家围坐在一起，每位小伙伴都会拿到五张空白卡片，各自在卡片上写下词语即可。游戏对词语本身的词性或定义不做任何要求，实际存在的或虚拟的，地点或时间，天使或昆虫，情绪或俗语……全都可以，多多挖掘。

之后，将所有人写好的词语卡片收集在一起，打乱顺序，再每人抽取三张，根据抽到的词语创作一个全新的故事。

在思考词语时，可以从以下几方面切入：

◆　它们之间有什么共通点？

◆　如果它们存在于同一空间，会发生什么？

◆　如果它们融合成一个事物，会是什么样子？

◆　如果 A 变成 B，要怎么操作？

◆　如果故事的结尾必须是悲剧 / 喜剧 / 恐怖 / 浪漫的类型，

该如何起承转合?

······

这样既可以跳出传统的"5W"叙事法则,不落俗套,也可以发现词语中除了原意之外更多的可能性,从而真正地达到锻炼创意能力的目的。

2. 创造的故事要既生动又合理(举例)

飞飞抽到的词语是"阳光""报纸""濒死",既有实际的物品(报纸),也有自然现象(阳光),还有抽象的状态类词汇(濒死),可谓"群英荟萃"。

经过一番构思,飞飞向大家展示了自己的强大想象力——

2122年,地球进入高度科技化、智能化时代,人们与人工智能协作开拓了更多的行业领域,比如每件物品都可以通过算法与相关记忆画面进行记录保存。

然而,能源短缺问题依旧没有很好地得到解决,这个时代的人只好选择储存阳光,利用新技术让阳光变得像电池那样可以随取随用,但依旧治标不治本。

随着阳光电池的枯竭,节能的话题被摆上了台面,人们尽可能根据满足工作生活的基本需求使用能源。而保存物品记忆画面需要消耗部分能量,也不属必需品,普通家庭为了节省阳光,一般会选择消除物品携带的数据。

但有位老人是例外,他随身携带一份报纸,即使缺乏阳光、钱不够用，也没有舍弃。

后来，记者开启报纸的记忆画面才明白，每天清晨他都会让宠物狗帮他去邮局取回当天的报纸，然后和妻子的照片一起度过美好的早上。他只是想保存自己和亡妻以及宠物狗在一起的美好画面罢了。

故事结束后，同事们都说——猜中了这开头，却没猜中这结局。

3. 出其不意，让故事峰回路转（解析）

飞飞进一步阐述了自己的创意过程。她原本就喜欢科幻类的小说和电影，抽到"濒死"词卡时就有种世界末日的氛围感。同时，借助第二步的思维切入提示，尽量摆脱直接利用"阳光"作为天气要素的传统故事思路，而选择将"阳光"客体化、物品化。接着与世界末日的氛围进行搭配，并将"阳光"与"报纸"两件物品进行关联组合，设计了这一情节。最后，因为想写一个悲情、令人泪目的故事，便加入了容易引起共鸣的老人、宠物狗的角色，用回忆来渲染此刻的孤独寂寥。

"捆绑组合法"非常适合用来锻炼提升创意能力，比如急支糖浆广告就让人记忆深刻。草原→豹子追逐美女→美女给豹子喂食糖浆，创意人员将各种常见事物进行戏剧化组合，最终一起发挥出更大的能量和魅力。

创意小练习

请你分别根据以下三组词语，创造属于你自己的独一无二的故事（可绘制或描述故事）。		
鸽子　烟雾　沙漠	警告　蜂蜜　领带	鱼竿　龙　女明星

创意法则卡

捆绑组合法

第一步：设计词卡（无任何要求）

第二步：收集并抽取词卡

第三步：创作故事

- 切入点1：它们之间有什么共同点？
- 切入点2：如果它们存在同一空间，会发生什么？
- 切入点3：如果将它们融合成一个事物，会是什么样子？
- 切入点4：如果A变成B，要怎么操作？
- 切入点5：如果故事的结尾必须是悲剧/喜剧/恐怖/浪漫的类型，该如何设计起承转合？

适用场景

文案策划、脚本策划、营销策划、画面绘制、会议赋能等

使用该方法的好处

1. 跳出固有思路，使广告更有新意
2. 激发读者的想象力，锻炼创意能力
3. 更容易引起读者共鸣

避坑指南

尽量避免使用"5W"原则叙事

想什么就来什么
——创意法则 25：灵感抓取法

单位的周年庆快到了，领导要求飞飞拍一个宣传片，体现充满热情和活力的企业氛围。这可难倒了飞飞，她一天到晚坐在办公室里想策划方案，实在想不出什么可以凸显热情和活力的元素。正愁着，同事小王顶着刚染的蓝色头发走进来："当初想着蓝发特别就染了，以为不会撞色，结果染完后特别留心了一下路上，放眼望去，全世界都是蓝发女孩！"听到同事小王的抱怨后，飞飞脑子灵光一闪：平常我只专注于自己的工作，如果带着这个任务在公司度过一天，会不会有不一样的发现？

心理学上有两种效应：一种是色彩浴，即你关注什么就会看到什么；另一种是视网膜效应，即当你拥有某种特征时，你会不断地关注身边有相同特征的事物，并不断去证实它。

广告创意同样存在一种对以上两种效应进行延伸的法则——灵感抓取法，即当你确定某个主题，有意识地抓取相关线索，便会发现身边处处都是它，即使平常没有留意到的事物也会自动出现在你眼前。工作中常用这种方法开展定向性收集／练习，能够更加集中精力关注手上的任务，抓取灵感，提高个人工作效率。

1. 注意力集中，只聚焦于一个点

首先，要根据项目需求锁定主题，否则注意力无法聚焦，对工作也无从下手。比如，这次宣传片要体现充满热情和活力的企业氛围，那么主题就是"热情和活力"。

2. 做个有心人，抓取一切有关的线索

确定好主题后，需要多留心身边，感受和寻找与主题相关的一切线索。运用这种方法时，最好多上网浏览信息，或者多走动去感受世界。坐在工位上冥想是很难产生灵感的，要学会

在日常生活中锻炼自己捕捉灵感的意识。

　　这一天，飞飞从上班到回家都在心里记挂着"热情和活力"，果然发现了很多相关线索：

9：50
进入公司大厅，门口保安积极地帮忙把伞收好，
柜台小姐礼貌问好，专门的服务人员指引进入电梯
——热情

9：58
出电梯，办公室内外都有自制的涂鸦墙，可爱且有创意
——活力

10：00
踏进办公室时礼貌问好，不管是同事还是上司，
都很热情地回应
——热情

11：00
公司员工大多是90后，大家穿着都很青春且随意，
即便是上司，也经常和同事们打趣，整个办公室充满欢笑
——活力

14：30
工作遇到困难，坐在椅子上一聊起来，
同事们都会积极回应，帮忙提意见，一起想解决方案
——热情

18：00
偶尔公司聚餐，大家围在一起分配食物，聊开
——活力

……

3. 把有用的线索进行有机串联

飞飞开始留意某样东西，只短短一天就发现了如此多的相关线索，抓取了许多素材和灵感。接下来，她利用这一天的所见所闻所感，把线索整理好并串起来，运用在宣传制作上。

于是，她把当天抓取的线索快速地记录下来，整理好思绪后，又运用时间维度把一幕幕场景串联起来，做成了一则《在×××上班是种怎样的体验》宣传短片：进入公司大厅→办公室内外的涂鸦墙→踏进办公室→员工穿着和日常聊天→公司聚餐→工作遇到困难时→……

看完宣传片后，同事们都觉得画面场景非常贴近他们的真实日常，不由得更加认同公司的企业文化，而这个视频对外也产生了一定的宣传效果，很多应届毕业生因为校招看了该视频而纷纷投递求职简历，梦想自己也能来这么有活力的公司上班。

创意小练习

假设你是一款牛奶沐浴露的产品经理，现在你需要制作一则广告，体现产品的香氛气息。请你采用灵感抓取法，寻找和感受身边相关的一切线索。

主题词	线索
香氛气息	

创意 法则卡

灵 感 抓 取 法

◉ **第一步：锁定主题**
根据项目需求锁定主题

◉ **第二步：抓取线索**
多留心身边，在日常生活中强化敏感意识，寻找和感受
与主题相关的一切线索

◉ **第三步：整理运用**
利用收集到的所见所闻所感，把线索整理好并串起来，
运用在宣传制作上

适用场景
文案策划、脚本策划、营销策划、画面绘制、海报设计、
会议赋能等

使用该方法的好处
1. 集中精力完成任务，提高工作效率
2. 激发无限创意和灵感
3. 更加关注生活中的事物，过得充实

避坑指南
1. 提取的线索务必紧紧围绕主题
2. 务必多加练习，把有意识转化成无意识

千人千面，述说不同的精彩
——创意法则 26：空椅子法

一名新同事在见客户的过程中不小心得罪了客户。新同事闷闷不乐，认为客户有意刁难她，但作为旁观者的飞飞明白这是新同事和客户因立场不同造成的误会。涉猎心理学的飞飞想尝试用心理学上著名的"空椅子法"帮助新同事。

1. 换个角色思考，世界便是另一番景象

空椅子法起初是心理治疗常用的方法。当事人内心有矛盾且无法调解的时候，咨询师就在咨询室放几把椅子，代表他的冲突对象（可以是自己或他人）。在咨询师的协助下，当事人通过角色扮演表达自己的想法和感受，从而得到自己想要的回应。这种方法用在日常生活或工作中后，不仅可以做到换位思

考，较为全面地看待一件事，还可以想出更多创意。

2. 如果我是他，我会怎么想，我会怎么做

对同一件事，不同的人从不同的视角看会有不一样的感受，如此看待问题才会更全面。坐上这把"椅子"，就"穿越"到这个角色上了，要充分共情，以这个身份思考"如果我是他，我会怎么想，我会怎么做"。

新同事感觉被客户刁难了，客户则感觉这个新同事不专业，双方都不能理解对方的意图和困难点，如果使用"空椅子法"进行换位思考，问题则会迎刃而解。

例如，被要求返修工作的同事原本充满厌烦：如果推翻方案重来，需要协调公司多少人力和物力，同事们还会配合自己吗……

但一旦运用了飞飞提供的"空椅子法"，站在客户的角度去思考，就会发现客户并不是有意为难自己，只不过作为付费方，客户自然希望对方能更好地解决问题，并且客户上面也有领导，客户需要把较好的结果呈送给领导。所以面对不满意的方案，客户自然会希望推翻重来，基于最佳效果，让对方拿出一版全新方案。

学会换位思考，站位提高了，才能更理解对方，而不只是在自己的"一亩三分地"里思考执行层面的艰难。这样一来创意人员不仅抱怨少了，并且有了正确的方向。

利用此法，我们不仅可以代入客户，还能"换把椅子"代入客户的领导、自己的上级领导等，都会从不同角度获得新感知。

3. 头脑风暴，收获各种各样的创意点子

空椅子法不仅可以让我们学会换位思考，进行头脑风暴，还能收获许多不错的创意点子。

拿微醺饮料举例，对于打工人来说，周末微醺是他们最憧憬的美好时光：

对于一个中年女人来说，和闺蜜喝微醺饮料聊八卦，仿佛回到了少女时代；

对于一个依旧少年的大男孩来说，没什么比和兄弟一起喝微醺饮料看世界杯更爽的了；

对于一个劳累了一天的上班族来说，晚上在家喝微醺饮料，仿佛躺进了自己的世界……

通过角色分配，拥有不同的人物设定，你可以天马行空地想象自己对这款产品的需求和幻想，也许能够从中收获许多意想不到的结果。

创意小练习

身份	请填写你的期待
女大学生	
职场女性	
宝妈（有孩子的妈妈）	
男士	

假设你是一款面膜产品的产品经理。请你用空椅子法，设想一下：如果你是下面的这些用户人群，你会对产品有哪些期待。

创意 法则卡

空椅子法

◉ **第一步：分配角色**

(尽可能分配与对方有矛盾或相隔较远的角色)

◉ **第二步：角色扮演**

以这个身份思考"如果我是他，我会怎么想，我会怎么做"

使用场景

产品营销、营销策划、文案策划、日常沟通、会议赋能等

使用该方法的好处

1. 换位思考，站在相关利益方角度思考问题、解决问题
2. 为决策方案提出更多想法和创意
3. 产品更贴合用户需求

避坑指南

1. 务必沉浸式代入，充分共情
2. 务必使用第一人称视角

第六章

创意的
六大隐藏密钥

你想获得创意思维能力吗？你知道创意有哪些秘密吗？

可能你会发现，当介绍一个人时，如果说他充满创意，大家对他的好感度便会大幅提升；而在各行各业的任何岗位，敢于创新、打破常规、擅于提出自己独特解决方式的人，总是格外容易被领导器重，并能在工作岗位上留下属于自己的名字，拥有一番成就。

也许，你会觉得人工智能再如何发展也不能取代创意，在数据智能愈加发达的时代，拥有创意思维能力的人才会成为"香饽饽"。在未来，只有拥有创意思维才能策划出有效的解决方案，创意思维能力会变成一种普遍通用的能力，甚至拥有无限的、可畅想的、不可预估的巨大可能性……

看过本书，你应该明白，有美妙创意的人肯定掌握了一些创意方法技巧。没错，不过他们还藏着六大密钥特质，只有拥有这些特质，才能开启一个创意。

一个好的创意 = 自信 + 方法论 + 优秀特质 + 灵感 / 洞察

相信你现在就迫切地想拿到这六大密钥吧，请跟随我来。

全神贯注地浸泡
——密钥 1

当你竭尽全力时，神灵将会附身。

——稻盛和夫

积极心理学家米哈里·契克森米哈赖在 2004 年提出"心流"一词，指的是当人们沉浸在当下着手的某件事情或某个目标时，完全地投入并很享受的一种精神状态。

你只有全神贯注，才有可能进入心流状态。你会觉得自己的能力被发挥到极致，能够更好地吸收、创造。

怎样才能达到心流状态，做到全神贯注呢？

假设我们现在接到一个项目需求，不妨这样做：

　　首先，启动自己的身体。深呼吸，清理所有消极情绪，先坚信自己能完成，并且对自己说：在接下来的时间里，我要做的仅仅是面对这个项目内容本身，至于什么甲方、什么领导等各种其他看法甚至质量都不重要，只有一个目标——尽可能地浸泡在项目内容里。

　　完成这样的内心设定后，你就可以按下开关开始进入，甚至可以为自己设计一些按开关的仪式，例如喝杯咖啡、开启轻音乐等，相关科学证明，有一些自己设定的小仪式对于开启并投入一项工作也是很有帮助的。

　　好的，在接下来的时间里，你只需看材料，看到感到好奇、有疑问、有兴趣的便去横向检索，拓宽理解即可。

　　示例如下：

　　积极心理学家米哈里·契克森米哈赖在2004年提出"心流"

一词，指的是……

"咦，心流是什么意思呢，我去查查看。"

"咦，积极心理学家，那么积极心理学又涵盖什么呢？查查看。"

如此，完全扎进去，透彻消化你手头的材料。

可能你会问：消化完了，然后呢？

对，有些项目的资料并不多，内容很少，即使你拓宽检索也不会很庞杂，但有一部分资料不在"项目材料"的明面上，它藏在隐秘的角落，也属于前期消化材料的一部分。你不妨选用以下切入角度把这些"调皮鬼"找出来：

- ◆ 已有经验：关于这个内容，你已有哪些经验（以前实践过什么）。

- ◆ 他方经验：关于这个内容，别人家都在怎么做？

- ◆ 伙伴／专家交流：我去问问同事、朋友、专家等，看看他们有什么看法？

- ◆ 甲方以往的风格习惯：我想看看这个品牌以前都做过哪些类型的创意，有什么共同点？甲方高管在公开场合的重要演讲中说了什么？公司战略方向又是什么？

- ◆ ……

以上仅可帮你打开切入视角，虽然不在项目材料里，但也许比项目明面上的资料更重要。

当你完全扎进去、全神贯注地消化完资料，一切就好了！

接下来，你就抛开这些去玩吧，想干吗就去干吗，请相信你的身体、你的脑袋、你的心灵，它们都对刚刚的浸泡产生了记忆，相信"手里有把锤子，看见什么都是钉子"，接下来你做的任何一件事，只要与此有关，它们都会跑出来告诉你。所以接下来你只要放松就行，不用刻意去想创新，惊喜自会来敲你的门。

不信？你可以试试看。

关联、关联、再关联
——密钥 2

世上的事物是多样的，事物的联系也是多样的。

——马克思主义基本原理

刚才说了全神贯注，现在你该开始做其他的事情了，可能在路上、在车上、在做别的工作、在带孩子等。

这时，你要做的便是：有意识地去寻找关联。

大家都说所谓创意不过是旧元素的新组合，而你现在所做的关联，便是在重新组合。例如，你在路上看到绿叶，不妨想一下：绿叶与香薰（假设你的项目是某款香薰）能否结合呢？一点燃，满屋子便弥散开清新的雨后绿芽的味道，足不出户就能收获春天。又如，你在车上，耳朵中无意听到了几个女生在聊咖啡，那么香薰有没有可能是咖啡的味道呢？一点燃，立马让人精神焕发……

以上仅为示例，你也可以尝试一下。下面列几个切入角度，供你尝试：

◆ 眼观六路：尽可能观察你能看到的一切，其实我们的眼睛能看到的信息有很多，只不过我们的大脑没有把它们归于"被看到的事物里"罢了，这便是有意识地看和无意识地看之间的差别。

◆ 耳听八方：你听到的各种声音（八卦的声音、鸟叫声、喇叭声等）。

◆ 摸一摸：你触摸到的任何东西（安检口、大门、猫猫狗狗等）。

◆ 闻一闻：你闻到的任何气味（雨的味道、发霉的味道、树木的味道、咖啡的味道等）。

◆ 想一想：回忆过往，畅想未来。

◆ ……

把自己的感官全部打开，现在，你就是一个打开了所有感觉系统的捕捉器。行走在这个世界上，世间万物都是你采集创意的灵感库，对每样东西你都可以想一想：它和我的项目有什么关联吗？没有吗？真的没有吗？

想一想，再想一想，没有关联就创造关联，说不定，伟大的创意便会从你这里诞生！

发散、发散、再发散
——密钥 3

如果我有仙女棒，变大变小变漂亮。

——《小叮当》歌词

我们不仅可以关联，还可以发散，甚至可以发散之后再关联，关联之后再发散。

总之，要任性而随意、自由地运用它们，把这个过程当作一种游戏。

这里给大家奉上奥斯本检核原则：

（1）能否转用？（保持原状能否找到新用途？）

（2）能否应用？（有无相似之物？能否模仿？）

（3）能否变更？

① 变意义？

② 变颜色？

③ 变运动轨迹？

④ 变气味？

⑤ 变形状？

……

（4）能否扩展？

① 增大？

② 变长？

③ 增加频率？

④ 延长时间？

……

（5）能否缩小？

① 缩小？

② 变短？

③ 减量？

④ 压缩？

……

（6）能否代用？（能否有代用的人或物？能否有代用的材料和场所？……）

（7）能否置换？（能否交错？能否改变顺序？……）

（8）能否逆转？（能否颠倒上下左右或任务分配？……）

（9）能否组合？（能否合体、混合、组合？……）

在短时间内你无须记住这么多，每次都可以翻阅查看，每次都自问自答一遍，久而久之，这些延展问题也会变成你看待事情的惯性动作，灵感和创意便会很自然地流出来。

随时随地记录
——密钥4

生活中从不缺少美，而是缺少发现美的眼睛。

——罗丹

看到标题，你可能会觉得："随时随地记录"不算什么特质和能力，因为谁还不会记录啊，会写字就会记录。

不，你错了。

首先，你真的热爱创意，你才会记录；你才会对每一个微不足道的点子求之若渴；当你突然想到一个绝妙的想法时，你才会欣喜若狂！

如果没有这种发自内心的热爱，即使记录下来也仅仅是浮于表面，你只会在记完后把记录纸塞在抽屉里永久封存；只有当你有了这种热爱，你才会反复去翻看自己记录的东西，用上你所记录的点子，点滴想法汇成创意之河，才能成为一个完整的有价值的作品，记录才真正有意义。

有了记录的源动力后，你用自己最舒服的方式记录下来即可。以下工具仅供参考，选用标准就是看哪个能让你最高效、最便捷：

（1）手机自带的备忘录：相信我，这个就足够了，高价≠高效，一些花里胡哨、外观美丽的付费记录 App 还不如简单的备忘录高效，记录点子时越简单越好，不要被各种小装饰分心。如果有照片，备忘录 App 也能插入照片并进行备注。

（2）手机自带的原相机：用原相机记录灵感足够了，没必要扛单反相机，因为灵感或想法会随时随地产生，轻装上阵即可。

（3）手机自带的录音软件：如果比较忙，你可以用语音录入零碎想法，边走边说边记录，也可以录一些声音，如鸟叫虫鸣。

（4）小本子：如果你对纸质比较有感觉，可以随身带个小本子，最好是可以揣入裤兜的那种尺寸，便于涂涂画画。纸质的好处在于，你能通过看到自己的笔迹，回想当天的情绪。

（5）创意点子社群：我与朋友们建了一个点子库社群，大家经常在里面交换想法，其好处在于：首先，可以有交互信息，说不定哪位小伙伴对你的想法有不同的看法或不同的碰撞就会激发出你的创意火花；其次，便于对聊天记录进行检索。

……

除了以上方式，你也可以选择自己习惯的点子记录方式，总之，记录不要停，越记录越有创作手感。

最好一周进行一次整理，进行"断舍离"，保留你心目中最妙的创意。

这里推荐一种叫"咕咕机"的小型打印机，它可以识别、扫描、打印贴纸，每周我都会将记录的东西打印出来贴在另一个笔记本上，省去了手写的时间，并且这个笔记本便是经过初筛的点子库，到了有项目需求的时候可以翻阅这个本子找灵感。

收放自如的能力
——密钥5

时间给空想者痛苦，给创造者幸福。

——麦肯锡

这里所谓的创意，便是有创新的想法并且得以落地。落地力很重要，也就是要掌控"发散"之后"收"回来的能力。

上文论述了发散的能力，而这里便要考究"收"的智慧了。

最理想的状态就是突然有了一个绝妙的想法，连你自己都觉得"太对味了，就这么干吧"，那么自然会"收"。但如果这个想法一直没出来，或者想法太多，没有哪一个特别突出呢？

这时候你要学会喊"停"了，有时候，你要相信，deadline（最后期限）也是一种生产力，再多给你两个小时，也未必能高质量地完成。

发散、打破常规的能力是高难度的。

收的能力一点儿也不容易，需要思考包括但不限于以下问题：

（1）定义问题：目前我们解决的是什么问题？

（2）找寻本质：本质上又是什么问题（往往一个问题背后藏着另一个根源性的问题）？

（3）盘点条件：我们的受限条件有哪些？

（4）定目标：我们的目标、期望值又是什么？有没有可能在有限条件下完美甚至超额实现它（戴着镣铐跳舞，还跳得漂亮）？

（5）找资源：如果要实现，用上你想的这个创意，那么需要获得什么资源或帮助？

（6）满足各方诉求：从多方视角看，这个创意效果如何？甲方期待的方向是这个吗？用户呢？

（7）遵循法规或社会常理：必须考虑一些法规（广告法等，多方位地考虑）以及大众社会心理（有无挑战人性，引起不适，引导舆论，引起歧义、反感等）。

……

艺术家可以不在乎众人的看法，可以不以功利为目的，可以只讲求情绪的迸发。

但是，做商业创意的人不能像艺术家那样"清高"，其工作内容既有艺术的部分，也有科学实用的部分，不能解决实际问题的创意会失色不少。因此，做创意一点儿也不比搞艺术容易，需要更多的发散，也需要有更多方面的考量。

包容、开放的合作力
——密钥6

当你能更好地鼓励他人运用创造性思维，像一个放大者一样领导你的团队，那么你的团队就会为你带来对于团队长远目标而言意义非凡的新鲜观点。

——韦斯曼与麦克恩

根据上文的对比，艺术家可以自己独立完成一项创作，但做商业创意可不行，商业创意需要多方的合作共同落地。

亲爱的读者，你未必从事与创意相关的工作，但是在当今这个互联网高度发展的时代，大部分工作或多或少会与创意打交道。你或许是一个产品经理，要跟 UI 沟通设计思路；你或许是一名老师，经常会涉及制作一个吸引学生关注的课件 PPT；你或许是个博主，定选题、写文案、定标题、排版等整个流程都要与创意挂钩……

在这个几乎每个人都会和创意接触的时代，合作力也是创意实现的一项重要能力。

著名数学家陈景润一生致力于哥德巴赫猜想的验证：1+1=2。今天越来越多的企业着眼于创新工作方式、创新技术与创新业务，在本质上我们需要将商业应用场景与新创意更好地结合，我们的前行需要创意思路提供者与创意技术人才的加持和贯通，我们始终要有一种相加的意识，寻找相加的结合点，思索我们自己去加和被加的结合点，发挥自己的潜力，突破自己，这样的"1+1"才能大于 2。

因此，如果你想出一个好点子，请勿直接甩给执行团队，而应以一种包容、开放、请教的方式，咨询执行人员的想法，说不定他们在其领域中有更为高明的创作落地方式。

只有将各自领域的优势和创意相加，最终落地的创意之花才能丰盈美丽。

后记

看到此处，你的创意工具学习之旅便结束了。

但从实用的角度看，这可能只是启程而已，希望你把工具卡都裁剪下来，像武功招式那样揣在身边，以便随时检索，学以致用。

你甚至可以立一个小目标，尝试将书中的每个方法都实践一遍，只有经由亲身实践才是真正的学习吸收。

此外，我还希望你看完这本书时能默认自己是一个"懂创意"的人。

为什么要这么想呢？因为只有当你对"创意"不再惧怕，不再只是远远观看时，你才能真的触碰到创意本身。

记得在不久前，我说不出"我想做一个创意人"这个理想目标，尽管我内心向往各种美妙的创意，这个理想也是内心真实存在的，仍旧说不出口，一直对"创意"二字有所敬畏，甚至把它看得遥不可及。

直到我一头扎进创意之河去扑腾、游泳、钻研，直到本书完结，我终于能完全依靠实际成果说服我自己，并验证了最初的推论：创意的确并非仅靠天赋或灵感，也有方法论可后天习得。

"人家可能只是天赋比较高、人家只是突然灵感来了"之类的话可能只是对自己实现不了创意的安慰剂，这改变不了现状，能改变现状的只有人人都可以拥有创意的坚定信念。

因此，只要你相信自己也可以成为创意达人，坚持用本书的方法论去实践，频繁做创意输出，你便能开启你的"风火轮"：越相信自己，辅之以工具，越能创造更多新成果，有了成功实践，便更加相信自己有创意，又由于长期练习，方法论已形成肌肉记忆，搞创意越发如鱼得水，而越放松，灵感便越会如泉涌，正是这种正向循环助你成为一个越来越棒的创意达人。

　　士别三日，当刮目相待。试想一下：当你学有所成，而那些对创意怀有憧憬与敬畏的小伙伴可能还站在原地，现在变成憧憬和羡慕你了，他们也许会开口酸酸地、戏谑地说上一句："可能他比较有天赋，而我没有吧。"